# BestMasters

Mit „BestMasters" zeichnet Springer die besten Masterarbeiten aus, die an renommierten Hochschulen in Deutschland, Österreich und der Schweiz entstanden sind. Die mit Höchstnote ausgezeichneten Arbeiten wurden durch Gutachter zur Veröffentlichung empfohlen und behandeln aktuelle Themen aus unterschiedlichen Fachgebieten der Naturwissenschaften, Psychologie, Technik und Wirtschaftswissenschaften.

Die Reihe wendet sich an Praktiker und Wissenschaftler gleichermaßen und soll insbesondere auch Nachwuchswissenschaftlern Orientierung geben.

André Hilbig

# Kompetenzen in der Informatik zur Prävention von Cybermobbing

## Chancen und Wege des Informatikunterrichts an Schulen

Mit einem Geleitwort von Herrn Hon.-Prof. Dr. Ludger Humbert

André Hilbig
Wuppertal, Deutschland

BestMasters
ISBN 978-3-658-14378-7        ISBN 978-3-658-14379-4 (eBook)
DOI 10.1007/978-3-658-14379-4

Die Deutsche Nationalbibliothek verzeichnet diese Publikation in der Deutschen National-
bibliografie; detaillierte bibliografische Daten sind im Internet über http://dnb.d-nb.de abrufbar.

Springer Vieweg


Gedruckt auf säurefreiem und chlorfrei gebleichtem Papier

Springer Vieweg ist Teil von Springer Nature
Die eingetragene Gesellschaft ist Springer Fachmedien Wiesbaden GmbH

# Institutsprofil

**Bergische Universität Wuppertal**

Die Bergische Universität betreibt auf mehreren Feldern internationale Spitzenforschung. Besonders im Bereich von Ausbildung und Transfer handelt sie zugleich im Bewusstsein ihres regionalen Bezugs. Hierzu gehört insbesondere auch das Bekenntnis zu einer qualitätsvollen Lehrerbildung, für die die Universität innovative, forschungsorientierte und über Fakultätsgrenzen hinweg tragfähige Strukturen geschaffen hat.

**Fakultät für Mathematik und Naturwissenschaften**

Die Fakultät Mathematik und Naturwissenschaften zeichnet sich durch ihre Beteiligung an der internationalen Spitzenforschung ebenso aus wie – vor allem im Bereich Mathematik und Informatik – durch eine breite Verflechtung mit anderen Fakultäten in der Lehre.

**Fachgruppe Mathematik und Informatik**

In der Fachgruppe Mathematik und Informatik besitzt Informatik ein besonderes Profil im Bereich des wissenschaftlichen Rechnens und bildet mit der Fakultät für Elektrotechnik die Fachgebiete der Informatik für Forschung und Lehre ab. Ab 2006 wurde damit begonnen, das Fachgebiet Didaktik der Informatik aufzubauen.

**Fachgebiet Didaktik der Informatik**

In der Lehrerbildung wurde ein Studienangebot in Form einer Veranstaltung generiert, die alle Fachgebiete der Informatik für Studierende des Lehramts als Element der Bildungswissenschaften ausweist. Durch die exzellente Unterstützung qualifizierter Studierender konnten Schwerpunkte für die Forschung aufgeschlossen werden. Ergebnisse sind eine Sammlung qualitativ hochwertiger web-basierter, interaktiver Module zu Fragestellungen aus Mathematik und Informatik »MathePrisma«, ein als Stationenlernen für Schulen strukturiertes »SpionCamp« und Projekte zur Genderforschung in Verbindung mit mobilem Programmieren. Darüber hinaus werden Fragen der Bildungsgangdidaktik und Biographieforschung bezogen auf Informatiklehrkräfte bearbeitet. 2015 wird das Projekt »Informatik an Grundschulen« eingerichtet. Dieses Projekt untersucht die Grundlagen für Informatik im Kindergarten und in der Grundschule.

Prof. Dr. Andreas Frommer
(Institutsleiter, Prorektor Studium und Lehre der Bergischen Universität Wuppertal)

Hon.-Prof. Dr. Ludger Humbert
(Fachgebiet Didaktik der Informatik, Betreuer der Arbeit)

# Geleitwort

In den Auswirkungen der zunehmenden Nutzung von Informatiksystemen kommen die bisherigen Ansätze der Medienpädagogik nicht um die Berücksichtigung fachlicher – genauer informatischer – Aspekte herum. So wählen Leitfäden, Hinweise, Handlungsempfehlungen et. al. als Ausgangspunkt die Wirkungen der Durchdringung der Lebenswelt von Kindern und Jugendlichen durch konkrete informatische Produkte und Dienste.

Herr Hilbig geht den umgekehrten Weg und untersucht die hinter dem Cybermobbing liegenden Informatikstrukturen. Dazu leitet er aus den Informatikfachstrukturen die Elemente ab, die Möglichkeiten zur Erklärung des Phänomens beinhalten. Damit einher geht die Feststellung, dass nur die Kenntnis der informatischen Prinzipien einen zeitinvarianten, bildenden Zugang zu den Phänomenen bietet, die im Bereich der Auswirkungen und Folgen der Nutzung von Informatiksystemen festgestellt werden können.

Die Ergebnisse der vorliegenden Arbeit werden von der interessierten Community so rezipiert, dass Herr Hilbig zur Darstellung und Erläuterung der entwickelten Möglichkeiten Veranstaltungen gestaltete. Im Rahmen des landesweiten Informatiktages der Fachgruppe Informatische Bildung in Nordrhein-Westfalen der GI an der RWTH-Aachen, in der Wichernschule Hamburg und am ZfsL Solingen führte Herr Hilbig Workshops zum Cybermobbing durch.

Die Qualität dieser Arbeit besteht in erster Linie darin, dass der oben angegebene Perspektivwechsel von der Außensicht (welche Applikation/en, welche Wirkungen, welche Werkzeuge, ...) konsequent umgekehrt wird und so eine zeitinvariante und produktunabhängige Sicht auf das Phänomen ermöglicht wird. Keine der vorgängigen Arbeiten in diesem Feld leistet dies.

Durch diese Arbeit wird deutlich, dass informatische Grundlagen unabdingbar sind, wenn Schülerinnen und Schüler Gestaltungsfähigkeiten entwickeln sollen, die über die Bedien- und Nutzungsebene hinausgehen.

Hon.-Prof. Dr. Ludger Humbert
(Erstgutachter)

# Inhaltsverzeichnis

# Abbildungsverzeichnis

# 1 Einleitung

## 1.1 Informatische Kompetenzen im Kontext Cyber-Mobbing

Innerhalb der vorliegenden Arbeit werden informatische Kompetenzen
entwickelt, die geeignet sind, einen Beitrag zur Verhinderung von Mobbing
zu leisten. Zunächst wird daher geklärt, was informatische Kompetenzen
sind.

Unter Kompetenz wird die »Fähigkeit eines Menschen, bestimmte Aufgaben selbstständig durchzuführen« [HUMBERT, 2006, S. 66] verstanden.
Kompetenzen besitzen demnach die klare Zieldimension, ein Individuum
innerhalb einer Situation *handlungsfähig* zu machen – letztlich sollen also
Wissen, Verstehen und Können, aber auch Motivation, zur Problemlösung
angewendet werden. Dafür notwendige Fähigkeiten können bereits verfügbar sein oder müssen erlernt werden (vgl. [FREISCHLAD, 2010, S. 26ff]).

Informatische Kompetenzen stellen die Kompetenzen dar, die benötigt
werden, um eine Problemstellung mit informatischen Mitteln zu bearbeiten.
»Informatische Bildung ist Bestandteil allgemeiner Bildung für eine verantwortliche Gestaltung der Zukunft in Selbstbestimmung« [HUMBERT, 2006,
S. 65]. Ein Vorschlag für eine Sammlung solcher Kompetenzen liegt durch
die Bildungsstandards für das Fach Informatik (vgl. [GI, 2008]) vor.

Durch die Zieldimension, Probleme lösen zu können, besitzen Kompetenzen immer einen Bezug zur Lebens- oder Arbeitswelt (vgl. [FREISCHLAD,
2010, S. 29]). Mobbing – speziell Cyber-Mobbing – wurde als eine Alltagssituation von Menschen identifiziert, in der Kompetenzen notwendig sind,
die informatischer Bildung zugesprochen werden[1]. »Der Begriff Mobbing
beschreibt negative kommunikative Handlungen, die gegen eine Person
gerichtet sind« [LEYMANN, 1994, S. 21]. Sofern die Handlungen mit Infor-

---

[1]Für weiterführende, grundlegende Ausführungen bezüglich informatischer Bildung in
Bezug auf Cyber-Mobbing wird auf [HILBIG, 2012] verwiesen.

matiksystemen durchgeführt werden, wird ergänzend von Cyber-Mobbing gesprochen (vgl. [HILBIG, 2012, S. 7f]). Netzwerke sind die Basis, durch die globale Kommunikation zwischen Informatiksystemen möglich wird. Durch globale Netzwerke verändert sich nicht nur die Darstellung von Medien, sondern auch deren Nutzung und Wahrnehmung (vgl. [FREISCHLAD, 2010, S. 29]).

Daraus entsteht nach FREISCHLAD ein konkreter Bildungsbedarf, um die Chancen und Risiken einschätzen zu können und die Kontrolle über das eigene Handeln zu erlangen. Für ihn stellen die Bildungsstandards für das Fach Informatik einen Ansatz dar, um den Bildungsbedarf zu beschreiben. Die Standards prägen einen Medienbegriff durch die folgenden drei Aspekte:

- *technisch-apparativ:* Speicherung, Übertragung, Wiedergabe usw. von Daten

- *inhaltlich:* Produktion von Aussagen und Bedeutungen

- *funktional-gesellschaftlich:* Funktion der Medien im gesellschaftlichen Kontext

»Ausgangspunkt für die Analyse des Beitrags der informatischen Bildung sind die Änderungen, die aus der Nutzung von Informatiksystemen als Grundlage digitaler bzw. rechnerbasierter Medien resultieren« [ebd., S. 30]. Im Kontext globaler Netzwerke können hier drei Dimensionen herausgestellt werden: lokale und globale Vernetzung von Informatiksystemen, die automatische Verarbeitung von Daten durch Programme und die Interaktion zwischen Mensch und Maschine. Um verantwortungsvoll handeln zu können, müssen die Folgen des eigenen Handelns verstanden und erkannt werden. Gerade durch die Vernetzung bleiben Aktionen von Anwendern[2] nicht mehr auf das eigene System begrenzt. Die Grenzen, aber auch die Schnittstellen, verstehen und kontrollieren zu können, wird nicht durch den alleinigen Blick auf die funktionale Anwendungsebene, sondern nur durch ein Verständnis des gesamten Systems erreicht (vgl. [ebd., S. 30f]). Das fehlende Verständnis für eine mögliche Tat, aber auch für Möglichkeiten

---

[2]Im Folgenden wird bei Personenbezeichnungen, die kein sprachlich neutrales Genus haben, grundsätzlich die männliche Form gewählt. Damit ist ausdrücklich auch die weibliche Form gemeint.

zum Schutz, führt zu einer neuen Qualität im Mobbing (vgl. [HILBIG, 2012, S.16ff]) und demnach zu einem Bildungsbedarf.

Ausgehend von der konkreten Situation, die durch Cyber-Mobbing entsteht, werden Mobbinghandlungen unter einem informatischen und fachdidaktischen Blickwinkel betrachtet, um den beschriebenen Bildungsbedarf anhand konkreter Kompetenzen zu spezifizieren. Im weiteren Verlauf wird zunächst der technisch-apparative Aspekt – insbesondere die lokale und globale Vernetzung – betrachtet. Darauf aufbauend wird untersucht, welche Dienste und Angebote in globalen Netzen genutzt werden, um Mobbinghandlungen durchzuführen. Dabei werden sowohl die Konzepte der Vernetzung als auch mögliche Risiken durch die automatisierte Verarbeitung von Daten betrachtet und herausgestellt. Abschließend gilt es, die (sozialen) Besonderheiten der Situation Cyber-Mobbing mit den entsprechenden Bedingungen, die durch die informatischen Gegebenheiten entstehen, zu vergleichen und mögliche Kompetenzen und (Bildungs-)Konzepte zu identifizieren, die für einen verantwortungsvollen Umgang mit Cyber-Mobbing notwendig sind.

## 1.2 Situation Cyber-Mobbing

Die Forschung zu Mobbing – speziell zu Cyber-Mobbing – ist oftmals wenig eindeutig. Daher wird in Kürze ein Überblick über das Verständnis wichtiger Begrifflichkeiten innerhalb dieser Arbeit gegeben. Hierzu sei auf die entsprechende Literatur, u. a. [SCHÄFER und HERPELL, 2010; JANNAN, 2010; HILBIG, 2012; LEYMANN, 1994], verwiesen.

*Mobbing* Der Begriff Mobbing wird benutzt, wenn eine oder mehrere Personen sich mit negativen, kommunikativen Handlungen über einen längeren Zeitraum gegen eine Person wenden. Für das Opfer entsteht eine hohe psychische oder auch physische Belastung und es verliert die Kontrolle über die Situation. Im Kontext Schule richten sich typischerweise geschlossene Gruppen gegen Einzelne. Mobbing muss im Kontext Schule als die am meisten vorkommende Form (psychischer) Gewalt charakterisiert werden (vgl. [JANNAN, 2010, S. 11ff]).

*Mobbinghandlung* Eine Mobbinghandlung entspricht einer isoliert betrachteten, negativen Handlung bzw. Tat, die explizit einen Teil zur gesamten Belastung für das Opfer beiträgt. Solche Handlungen können sowohl psychisch, z. B. Beleidigungen oder Verleumdungen, als auch physisch, z. B. Auflauern oder Schlagen, durchgeführt werden.

*Cyber-Mobbing* Von Cyber-Mobbing soll gesprochen werden, wenn Mobbinghandlungen mit Hilfe von Informatiksystemen durchgeführt werden. Es stellt keine spezielle Art des Mobbings dar.

*Mobbing-System* Zuschauer, Täter, Opfer, Unterstützer usw. sind Beteiligte am Mobbing, die mehr oder weniger aktiv sind. Sie bilden eine Gruppe bzw. ein System mit unterschiedlichen Rollen. Bei Mobbing verschiebt sich die bestimmende Macht zu den Tätern, so dass das Mobbing bestehen bleibt und legitim erscheint. Unterstützern des Opfers mehr Macht zu geben, kann Mobbing auflösen (vgl. [BLUM und BECK, 2012, S. 43ff]).

# 2 Kommunikation in Netzwerken

Historisch ist nicht abschließend geklärt, wie sich riesige Netzwerke, Dienste und Angebote zu dem entwickelten, was heute oft als *Internet* bezeichnet wird. »Das Internet ist (...) eine komplexe Systementwicklung, die in mehreren Stufen an den Nahtstellen von universitärer und militärischer Großforschung sowie informatischen User-Kulturen entstanden ist« [HELLIGE, 2006, S. 3]. Es kann daher keine zielgerichtete und methodisch strukturierte Entwicklung von kleinen Anfängen bis zum komplexen Endprodukt angegeben werden. Lehrbücher (vgl. [TANENBAUM, 2003; STEIN, 2008; COMER und DROMS, 2002]) gehen typischerweise von einer zielgerichteten Erkenntnisgewinnung aus, um die komplexe Wirklichkeit für den Lernenden in fachlich einfache bzw. grundlegende Konzepte oder Ideen aufzuschlüsseln. Allerdings werden durch die Auswahl konkreter, technischer Problemstellungen bzw. Zielsetzungen Lerngegenstände fokussiert und oft in einen historischen Zusammenhang gesetzt. Z. B. beschreibt TANENBAUM ausführlich die physikalischen Spezifikationen der unterschiedlichsten Netzwerke, etwa Telefon, Kabelfernsehen, Satellitennetzwerke (vgl. [TANENBAUM, 2003, Kap. 2]).

Sicherlich hat ein solcher fachsystematischer Zugang gerade im Bereich der Forschung und Entwicklung seine Berechtigung. Allerdings liegt der Schwerpunkt dieser Arbeit auf der Untersuchung der Auswirkungen einer Interaktion zwischen Mensch und Maschine innerhalb der Situation Cyber-Mobbing. Es ist demnach nicht notwendig, technologisch nachvollziehen zu können, warum bestimmte Techniken entwickelt wurden, sondern die für ein Verständnis der zugrunde liegenden Konzepte notwendigen Kompetenzen sollen identifiziert werden. Dafür werden zunächst die fachlichen Konzepte analysiert und herausgestellt.

## 2.1 Kommunikation

Unter Kommunikation wird im Rahmen der fachlichen Analyse der Austausch von digitalen Daten zwischen Maschinen bzw. Informatiksystemen verstanden. Die Schnittstelle zwischen Mensch und Maschine wird in der technischen Realisierung von Kommunikationsprozessen ausgeblendet. Die für die Übertragung wichtigen Referenzmodelle (z. B. OSI, TCP/IP, vgl. [TANENBAUM, 2003, S. 37ff]) modellieren die Übertragung von Daten zwischen Informatiksystemen. Die Referenzmodelle sind in Schichten aufgeteilt. Jede Schicht repräsentiert wichtige Aspekte der Übertragung, etwa die physikalischen Voraussetzungen oder die Anforderungen der einzelnen konkreten Anwendungsprotokolle (z. B. HTTP). Dass möglicherweise konkrete Menschen durch Informatiksysteme kommunizieren könnten, findet keine direkte Berücksichtigung innerhalb der technischen Realisierung.

## 2.2 Netzwerk

Auch in anderen Wissenschaften sind Netzwerke bekannt, etwa in den Sozialwissenschaften, um die Beziehungen von Menschen zueinander zu untersuchen (vgl. [CHRISTAKIS, FOWLER und NEUBAUER, 2011]). Sofern nicht anders angegeben, wird innerhalb dieser Arbeit der Begriff Netzwerk, wie in diesem Abschnitt definiert, verwendet.

Im Prinzip ist ein Netzwerk (kurz auch Netz genannt) ein Zusammenschluss mehrerer Informatiksysteme, so dass diese untereinander kommunizieren können. Jedes Informatiksystem innerhalb des Netzwerks ist für sich autonom und besitzt eine Verbindung zu mindestens einem weiteren. Zwischen zwei Systemen besteht genau dann eine Verbindung, wenn sie miteinander Daten austauschen können (vgl. [TANENBAUM, 2003, S. 2f]). Es ist unbedeutend, auf welche physikalische Art, z. B. Kupferdraht, Glasfasern, infrarote oder elektromagnetische Wellen, die Systeme verbunden sind, so lange der Austausch von digitalen Daten möglich ist (vgl. [STEIN, 2008, S. 20]).

Innerhalb eines Netzwerks werden die einzelnen Informatiksysteme als Knoten bezeichnet. Zwei Knoten müssen nicht direkt verbunden sein, um miteinander kommunizieren zu können. Die Daten der Kommunikation können auch über *Zwischensysteme* (vgl. [ebd., S. 20]) weitergeleitet werden. Für die beiden kommunizierenden Knoten, die dann auch als Endknoten bezeichnet werden, entsteht jedoch die Illusion bzw. Abstraktion, sie wären direkt miteinander verbunden. In bestimmten Kontexten bietet einer der Endknoten einen konkreten Nutzen bzw. Dienst an (z. B. eine Webseite, die als Ergebnis auf eine Anfrage ausgeliefert wird). Dann werden die Endknoten erweiternd als Client (Nutzer) und Server (Anbieter) bezeichnet (Client-Server-Prinzip).

## 2.3 Internet

Das kabelgebundene Telefonnetz ist ein eigenes geschlossenes Netzwerk. Jeder Teilnehmer bzw. jedes Telefon ist ein Endknoten. Das Mobilfunknetz stellt ein davon unabhängiges, eigenes Netzwerk, in dem Mobiltelefone als Endknoten fungieren, dar. Sofern von einem Mobiltelefon ein Festnetztelefon angerufen wird, muss eine Verbindung von einem Knoten aus dem einen Netz zu einem Knoten im anderen hergestellt werden. Dazu muss eine Verbindung zwischen den beiden Netzen vorhanden sein. Für die Endknoten entsteht die Illusion, sie würden direkt miteinander kommunizieren. Aus ihrer Sicht befinden sie sich beide innerhalb des selben logischen Netzwerks. Ein Verbund von verschiedenen sogenannten Subnetzen oder Teilnetzen wird als ein Internet bzw. Internetzwerk bezeichnet (vgl. [ebd., S. 41]).

Der Begriff *Internet* wird im heutigen Sprachgebrauch oftmals nicht eindeutig verwendet. Jedes Internet stellt eine Abstraktion oder *virtuelles Netzwerk* dar (vgl. [ebd., S. 41]). Im Alltag ist mit *dem Internet* typischerweise ein globales Internetzwerk gemeint, dass es unabhängig davon, in welchem Teilnetzwerk sich die Endknoten (geographisch) befinden, ermöglicht, beliebige Dienste und Anwendungen abzurufen bzw. Daten auszutauschen.

Um im weiteren Verlauf Missverständnisse zu vermeiden, wird der Begriff Internetzwerk benutzt, wenn von einem Verbund beliebiger Teilnetze gesprochen wird. *Das* Internet wird durch folgende Eigenschaften charakterisiert (nach [FREISCHLAD, 2010, S. 3f]):

- Es ist ein Internetzwerk.

- Es basiert auf einem global eindeutigem Adressraum (Internet Protocol, kurz: IP).

- Durch den Protokollstapel besteht die Möglichkeit, Daten auszutauschen.

- Öffentliche und private Dienste höherer Schichten werden auf Basis der beschriebenen Infrastruktur bereitgestellt.

Als Schichtenmodell wird damit das vierschichtige TCP/IP-Modell mit Netzzugangs-, Vermittlungs-, Transport- und Anwendungsschicht verwendet (vgl. [TANENBAUM, 2003, S. 41ff]). Zusätzlich sollte beachtet werden, dass *das* Internet momentan das weltweit größte Internetzwerk mit den oben genannten Bedingungen ist.

TANENBAUM weist darauf hin, dass ein verteiltes System kein Netzwerk darstellt (vgl. [ebd., S. 2]). Innerhalb verteilter Systeme erscheinen mehrere Informatiksysteme durch spezielle Software, oft *middleware* genannt, für den Benutzer wie ein einziges System. Jedes einzelne Informatiksystem muss innerhalb eines verteilten Systems zwar mit den anderen Daten austauschen können, allerdings kann jedes einzelne System in unterschiedlichen Netzwerken verortet sein. Viele Angebote im Internet, etwa Suchmaschinen, Textverarbeitung usw., sind als verteilte Systeme realisiert. Für sich genommen ist das Internet jedoch kein verteiltes System. Netzwerke stellen prinzipiell nur die Infrastruktur für ein verteiltes System zur Verfügung.


## 2.4 Topologie

> »Die Topologie (wörtlich: Geometrie der Lage) eines Netzes (...) beschreibt in welcher Weise die Knoten durch Teilstrecken verbunden sind« [S. 39 STEIN, 2008, Schreibweise wie im Original].

Aus den unterschiedlichen physikalischen Trägermedien, die benutzt werden, um eine Verbindung herzustellen, sowie der Topologie selbst ergeben sich die folgenden Charakteristika.

Bei einer Verbindung, die bspw. durch einen Kupferdraht, ohne Unterbrechung, direkt hergestellt wird (vgl. Abb. 2.1a, S. 10), werden die Daten auf der so entstandenen Teilstrecke von einem Sender zu nur einem möglichen Empfänger übertragen. Ein Netzwerk, das nur aus solchen direkten Teilstrecken aufgebaut ist, wird Teilstreckennetz (vgl. [ebd., S. 39]) oder Punkt-zu-Punkt-Netzwerk (vgl. [TANENBAUM, 2003, S. 15]) genannt. Wenn Daten über eine ungerichtete Funkverbindung übertragen werden, dann erhält nicht nur der vorgesehene Empfänger die Daten, sondern alle in Reichweite befindlichen Systeme empfangen die Nachricht. Ein Netzwerk, das aus solchen *geteilten* Verbindungen besteht, wird auch als Diffusionsnetz (vgl. [STEIN, 2008, S. 39]) bezeichnet.

Für den Nutzer ist es wichtig zu wissen, dass möglicherweise nicht nur Zwischensysteme die empfangenen bzw. gesendeten Daten weiterleiten und damit lesen können, sondern im Zweifel beliebig viele im Netzwerk befindliche Systeme. Neben Aspekten des Datenschutzes müssen auch technische Probleme beachtet werden. Bspw. kann in Diffusionsnetzen nur eine Nachricht gleichzeitig übertragen werden. Es muss demnach entschieden werden, welches System zu welcher Zeit senden darf. Außerdem müssen die Systeme entscheiden können, welche Nachrichten für sie selbst bestimmt sind.

Aus technischer Sicht sind vor allem die Effizienz, Ausfalltoleranz und Skalierbarkeit eines Netzwerks von Interesse. Eine hohe Effizienz wird erreicht, wenn eine Nachricht im Durchschnitt möglichst wenige Zwischenknoten durchlaufen muss. Eine hohe Ausfalltoleranz ergibt sich, wenn der Ausfall eines Knotens die Funktionalität des Netzwerks nicht einschränkt (vgl. [ebd., S. 40f]). Besonders gut skalierbar sind Netze, deren Verkabelungsaufwand, also die Anzahl an Verbindungen, der entsteht, um neue Knoten aufzunehmen, möglichst gering ist. Der Begriff Verkabelung erscheint physikalisch nicht immer sinnvoll, da Verbindungen nicht zwangsläufig Kabel, sondern bspw. auch Funkverbindungen sein können.

In Abb. 2.1, S. 10 sind einige grundlegende Topologien aufgeführt. STEIN klassifiziert Topologien nach der Anzahl der Dimensionen in ein-, zwei- und mehrdimensionale. »Eine $n$-dimensionale Topologie lässt sich in einem $n$-dimensionalen Raum kreuzungsfrei aufzeichnen« [ebd., S. 39]. TANEN-

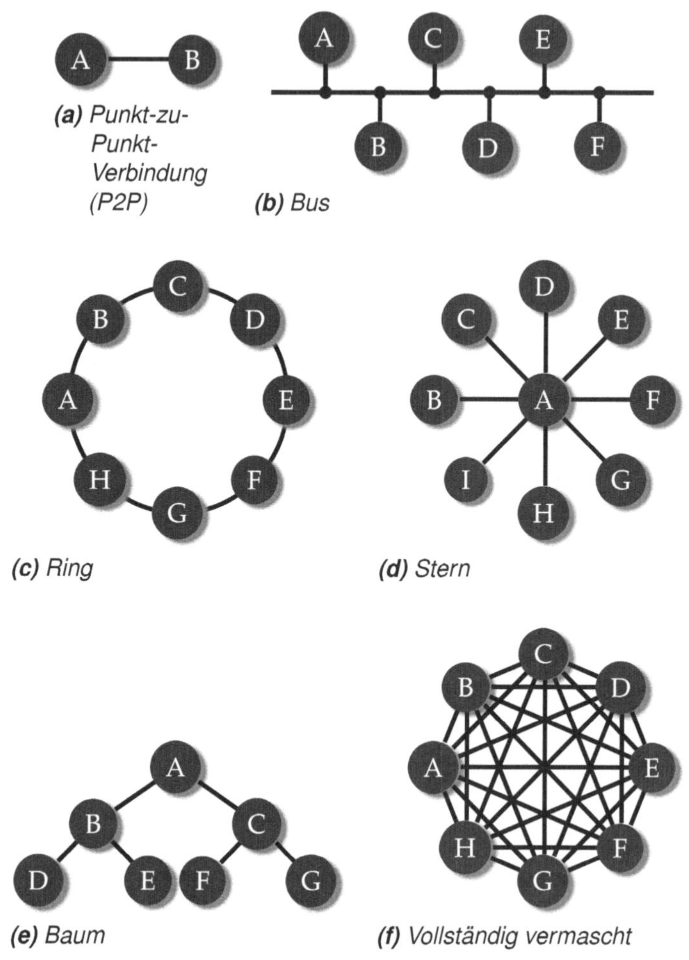



**Abbildung 2.1:** Unterschiedliche Verbindungstopologien

BAUM dagegen unterscheidet Topologien »nur« in Diffusions- und Teilstreckennetze (vgl. [TANENBAUM, 2003, S. 14ff]). Als grundlegenden Baustein kann prinzipiell die Punkt-zu-Punkt-Verbindung (*kurz:* P2P, vgl. Abb. 2.1a, S. 10) angesehen werden. Aus ihr werden komplexere Topologien, etwa vermaschte Netze[1], Ringe oder auch Bäume, zusammengesetzt. Da jede Verbindung *exklusiv* von nur zwei Systemen benutzt wird, kann eine hohe Effizienz erreicht werden. Allerdings führt der Ausfall eines Knotens oft zu Engpässen. Falls in Abb. 2.1e, S. 10 der Knoten $A$ ausfällt, können zwischen dem Teilbaum $B$, $D$, $E$ und $C$, $F$, $G$ keine Daten mehr ausgetauscht werden.

In der Literatur ist nicht immer eindeutig, ob auch die Bustopologie (vgl. Abb. 2.1b, S. 10) aus P2P-Verbindungen besteht. Die tatsächliche Verkabelung einer Bustopologie kann tatsächlich den Eindruck erwecken, es würden einzelne, direkte Verbindungen zwischen den angeschlossenen Systemen bestehen (vgl. Abschnitt 2.4.2, S. 12). In einem Netzwerk, das nur aus P2P-Elementen aufgebaut ist, z. B. Abb. 2.1c, S. 10, kann eine Nachricht von Knoten $A$ zu Knoten $B$ übertragen werden, ohne das die anderen Knoten diese Nachricht ebenfalls erhalten. Theoretisch könnten die Knoten $C$ und $D$ sogar gleichzeitig eine andere Nachricht austauschen. Im Busnetz, wie in Abb. 2.1b, S. 10, sendet exklusiv $A$ eine Nachricht zu $B$, die zugleich auch von allen anderen Knoten empfangen (und wieder verworfen) wird.

Demnach ist ein Bus konzeptionell betrachtet eher eine gemeinsame und lange Verbindung (Äther bzw. engl. *ether*), an die sich alle Systeme anschließen. Eine Nachricht ist immer auf der gesamten Verbindung empfangbar (vgl. [COMER und DROMS, 2002, S. 125]). Somit besteht ein Bus konzeptionell nicht aus P2P-Verbindungen. Da in heutigen technischen Realisierungen Bussysteme in Reinform nur noch selten anzutreffen sind, soll im weiteren Verlauf von gemeinsam genutzten Verbindungen gesprochen werden.

Außerdem werden Netzwerke in ihrer Skalierung (vgl. [TANENBAUM, 2003, S. 14f]) bzw. Größe unterschieden. Damit ist die tatsächliche physikalische Größe, also die Distanz, die zwischen den entfernten Knoten überbrückt wird, gemeint. Folgende Typen können angegeben werden (n.

---

[1]In einem vermaschten Netz hat mindestens ein Knoten mehr als zwei Verbindungen zu mehr als zwei anderen Knoten. In vollständig vermaschten Netzen (vgl. Abb. 2.1f, S. 10) besteht von jedem Knoten zu jedem anderen Knoten eine P2P-Verbindung.

[TANENBAUM, 2003, S. 16]) – wobei in der Literatur nicht explizit zwischen Netzwerk und Internetzwerk unterschieden wird:

*PAN* Personal area network, im Bereich weniger Meter, z. B. Bluetooth

*LAN* Local area network, im Bereich von einigen Metern (z. B. Heimnetzwerk in der Wohnung) bis zu wenigen Kilometern (z. B. Uni-Campus)

*MAN* Metropolitan area network, auf Städte oder Gemeinden beschränkt

*WAN* Wide area network, auf Länder oder Kontinente beschränkt


### 2.4.2 Logische Topologien

Letztlich ist in der Praxis nicht immer klar zu entscheiden, welche Topologie ein Netzwerk nutzt. Die sichtbare Verkabelung der Systeme kann bspw. eine andere Topologie nahelegen, als tatsächlich umgesetzt wird. Der weit verbreitete Ethernetstandard (sogenanntes DIX-Ethernet) zur Netzwerkverkabelung wurde bspw. ursprünglich in Bustopologie konzipiert (vgl. [COMER und DROMS, 2002, S. 126]). Die reale Verkabelung kann unter Umständen jedoch den Eindruck in Reihe hintereinander geschalteter Systeme, wie in [STEIN, 2008, S. 39, Bild 1.17] abgebildet, erwecken. Die »Kabel« stellen jedoch keine direkten Verbindungen her, sondern verlängern einen gemeinsam genutzten Äther. Der heute aktuelle Standard, *10BaseT* oder *TP-Ethernet*, benutzt physikalisch dagegen eine Sterntopologie mit einem zentralen System in der Mitte, obwohl logisch weiterhin Prinzipien einer gemeinsam genutzten Verbindung bestehen. Nach COMER und DROMS können in

> »einer bestimmten Netzwerktechnologie (. . . ) verschiedene Anschlussarten [bzw. Topologien] verwendet werden. Die Technologie bestimmt die logische Topologie, während die physische Topologie von der Anschlussart vorgegeben wird. Die physische kann sich von der logischen Topologie unterscheiden« [COMER und DROMS, 2002, S. 170].

Hinzu kommen Netzwerke, die aus einer Art Mischform bestehen. Funknetze im LAN-Bereich (IEEE 802.11, vgl. [STEIN, 2008, Tab. 6.1, S. 188]) bspw.

können im sogenannten ad-hoc Modus oder mit einer Basisstation (access point) betrieben werden (vgl. [TANENBAUM, 2003, S. 68ff]). Sofern der ad-hoc Modus genutzt wird, kommunizieren die Systeme, wie bei einer P2P-Verbindung, (scheinbar) direkt untereinander (vgl. Abb. 2.2a, S. 14). Somit könnte ein vermaschtes Netz aufgebaut werden. Wird eine Basisstation verwendet, regelt diese zentral den Zugang und entsprechende Einstellungen, wie etwa die zu verwendende Frequenz (vgl. Abb. 2.2b, S. 14). Es entsteht der Eindruck einer Sterntopologie.

In Abb. 2.2, S. 14 stellen die gepunkteten Linien Funkverbindungen dar, die ungerichtet sind und sich radial ausbreiten. Physikalisch wird immer das selbe Trägermedium (elektromagnetische Wellen) genutzt. Ähnlich wie bei (analogen) Funkgeräten, können unterschiedliche Frequenzen genutzt werden, um gleichzeitig verschiedene Nachrichten, z. B. die Meldung eines Brandes an die Feuerwehr und eines Banküberfalls an die Polizei, übertragen zu können. Sofern jedoch die selbe Frequenz gewählt wird, entstehen Überschneidungen und es wird prinzipiell *dieselbe* Verbindung benutzt. Unabhängig vom Modus des Funknetzwerks entsteht so eine gemeinsam genutzte Verbindung (vgl. Abb. 2.2c, S. 14) – genau genommen stellt Abb. 2.2b, S. 14 einen Spezialfall des ad-hoc Modus dar, indem ein System die technischen Einstellungen entsprechend regelt.

Werden heutige lokale Netzwerke im Büro oder privatem Haushalt betrachtet, so wird schnell klar, dass es sich hier um komplexe Internetzwerke mit unterschiedlichsten Topologien handelt. Für alle in Abb. 2.3, S. 15 angeschlossenen Systeme entsteht der Eindruck, sie würden sich im selben Netzwerk befinden[2]. Die Systeme können Daten austauschen, z. B. um den Zugriff auf Dateien zu ermöglichen, Druckbefehle zu senden oder Daten aus dem Internet abzurufen. Zwar entsteht für den Endverbraucher oftmals der Eindruck, ein Drucker mit Netzwerkanschluss, ein Router, eine Funkbasisstation, ein Mobiltelefon, ein Fernseher usw. wären unterschiedliche Geräte mit speziellen Funktionen, allerdings können sie aus informatischer Sicht (meist) als vollwertige Informatiksysteme betrachtet werden. Die tatsächliche Funktion für den Endnutzer ist hier unerheblich. Abb. 2.3, S. 15 zeigt außerdem, dass eine Topologie nicht zwangsläufig die tatsächliche

---

[2]Alle Systeme müssen innerhalb eines lokalen Internetzwerks mit dem gleichen Referenzmodell bzw. Protokollstapel, etwa TCP/IP, arbeiten, um problemlos miteinander kommunizieren zu können.

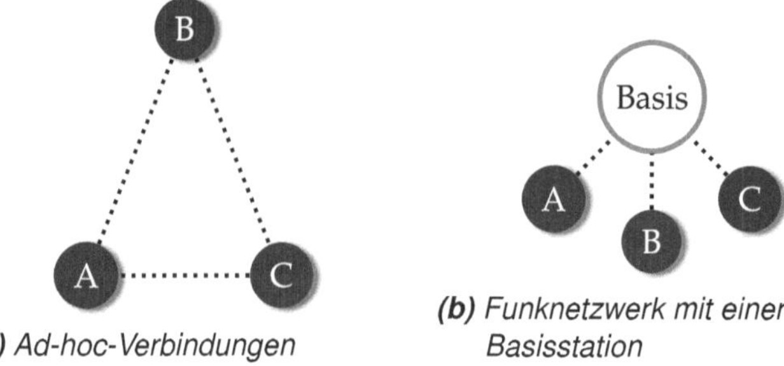



(a) Ad-hoc-Verbindungen

(b) Funknetzwerk mit einer Basisstation

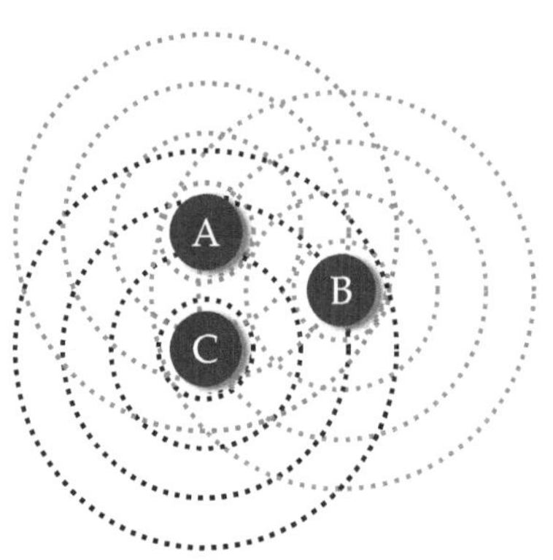



Sofern alle Nutzer die gleichen Einstellungen benutzen, entsteht (auch im ad-hoc Modus) ein Funknetzwerk, das prinzipiell wie eine Bustopologie organisiert ist, da die sich radial ausbreitenden Funkwellen, hier durch gepunktete Kreise symbolisiert, einer gemeinsamen Verbindung für alle Knoten entsprechen.

(c) Funknetzwerke als Bustopologie

**Abbildung 2.2:** Darstellung möglicher Verbindungen in Funknetzwerken (angelehnt an [TANENBAUM, 2003, Abb. 1-35, S. 69], IEEE 802.11)

geometrische Verortung im physikalischen Raum meint, sondern die Verbindungen konzeptionell aufgreift, ähnlich eines Streckennetzplans, der Stationen mehrerer Straßenbahnlinien abbildet. Das per Funkverbindung angeschlossene System $A$ könnte sich bspw. direkt neben dem per Kabelverbindung angeschlossenem System $E$ befinden.

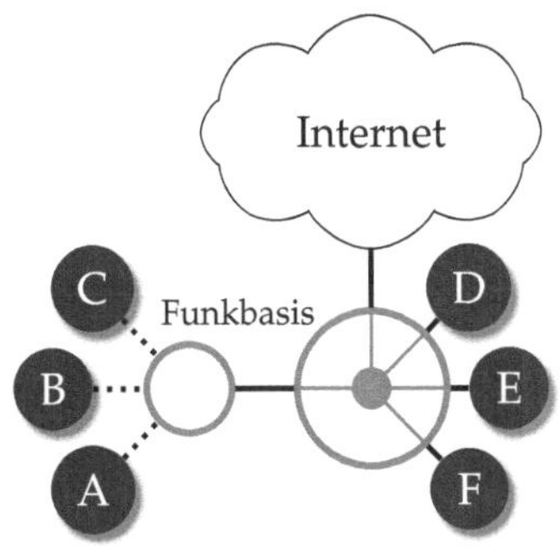


In der nebenstehenden Abbildung werden zur Verdeutlichung Endsysteme unabhängig von ihrer Funktion für den Benutzer als gefüllte Kreise verdeutlicht. Systeme, die das Netzwerk erweitern, etwa Funkbasisstationen, sind als weiße Kreise gezeichnet, die den Blick auf die innenliegende Topologie ermöglichen.

Der Zugang zu *dem* Internet wird durch ein System in der Mitte hergestellt, das dadurch oft auch als Router bezeichnet wird. Das Internet wird als eine Wolke dargestellt. Es sollte klar sein, dass diese *Wolke* symbolisch für Verbindungen zu weiteren Zwischenknoten und möglichen Endknoten steht.

**Abbildung 2.3:** *Darstellung eines typischen lokalen Internetzwerks in einem privaten Haushalt, bestehend aus (gepunkteten) Funk- und Kabelverbindungen*

Neben der tatsächlichen, *technischen* Installation eines Netzwerks entstehen, durch die Benutzung von konkreten Angeboten bzw. Diensten, Verbindungen mit unterschiedlichen Topologien. Benutzt Lisa[3] einen Instant Messenger (*kurz:* IM) um Emilie ins Kino einzuladen, so entsteht für die beiden der Eindruck, sie würden eine direkte P2P-Verbindung benutzen. Dabei wohnen sie weit voneinander entfernt und befinden sich in den unterschiedlichsten Netzwerken (vgl. Abb. 2.4, S. 17, Lisa sei Knoten $L$, Emilie Knoten $E$). Selbst wenn sie durch Verschlüsselungs- und Authentifizierungslösungen dafür sorgen, dass tatsächlich nur sie beide ihre Nachrichten

---

[3]Die verwendeten Namen sind frei erfunden, könnten ebenso männlich sein und dienen damit nur der Illustration.

lesen können, werden die Daten der Nachrichten durch verschiedene Internetzwerke und *das* Internet geleitet. Die rot markierte Linie stellt den Weg der Verbindung dar. Es wird keine direkte P2P-Verbindung benutzt (vgl. Abb. 2.4, S. 17).

Es scheint unterschiedliche Abstraktionsebenen von Topologien zu geben. Auf der Ebene konkreter Anwendungen kann eine Topologie wahrgenommen werden, die durch die physikalische bzw. technische Ebene nicht umgesetzt wird. Daraus können sich unterschiedliche Probleme ergeben – bspw. könnten die Daten der Kommunikation zwischen Lisa und Emilie von Maria (Knoten $M$) unbemerkt mitgelesen und missbraucht werden. Tatsächlich können sämtliche Zwischenknoten, die durchlaufen werden, Daten mitlesen. Je nach Betrachtung wird eine andere *logische* Topologie (vgl. [*Topologie (Rechnernetze)* 2014]), die je nach Abstraktion oder konkretem Nutzen unterschiedliche Ausprägungen beinhaltet, umgesetzt. Die logische Topologie muss dabei nicht mit einer tatsächlich vorhandenen physikalischen Verbindung übereinstimmen, sondern kann durch Software umgesetzt werden.

Hieraus ergeben sich für den Benutzer zum Teil gravierende Problematiken. Sofern Lisa und Emilie ihre Kommunikation ausreichend sichern, können Angreifer nichts mit den abgehörten Daten anfangen. Wenn die beiden jedoch nur die Abstraktionsschicht, die die Software des Instant Messengers liefert, betrachten, könnten sie glauben, dass sie direkt miteinander kommunizieren würden und eine Verschlüsselung womöglich unwichtig sei. Um potentielle Risiken durch die Kommunikation im Internet zu verstehen, müssen sowohl die Eigenschaften der unterschiedlichen Topologien verstanden, als auch die unterschiedlichen Abstraktionsschichten der übertragenen Daten noch genauer betrachtet werden.


## 2.5 Protokolle und Pakete

### 2.5.1 Hierarchische Organisation von Protokollen

Bisher wurde vor allem auf die physikalischen Grundlagen von Verbindungen und sich daraus ergebenden Netzwerkstrukturen eingegangen. Allerdings müssen darüber hinaus auch die ausgetauschten Daten betrach-

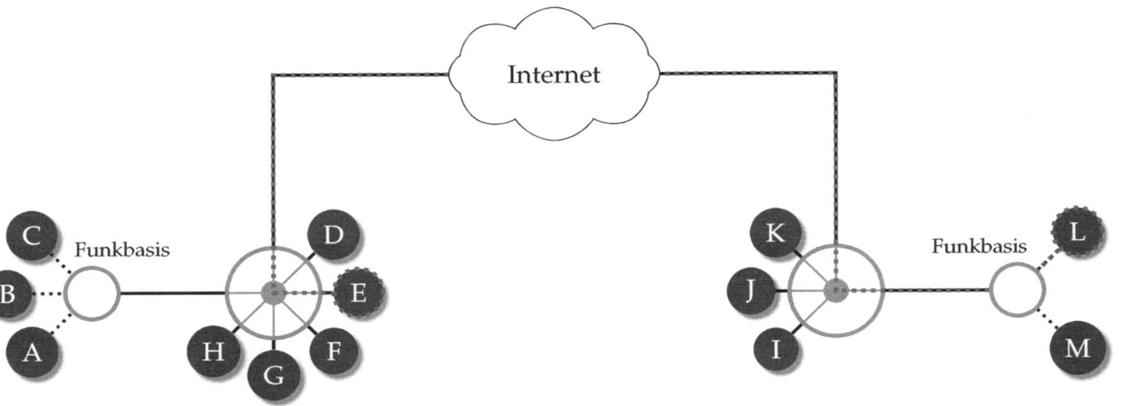


**Abbildung 2.4:** Endknoten aus zwei unterschiedlichen Internetzwerken können durch das Internet miteinander kommunizieren

tet werden. Das Abrufen von Webseiten, Musik, Videos, Textdateien oder
die Steuerung von Modelleisenbahnen oder Atomkraftwerken sind nur
wenige Beispiele für Anwendungsszenarien, in denen es notwendig ist,
Daten zwischen Informatiksystemen auszutauschen. Es wird deutlich, dass
sich durch die vielfältigen Einsatzmöglichkeiten auch Anforderungen an
den Datenaustausch ergeben – bspw. könnte es dem Mitarbeiter eines Atom-
kraftwerks wichtig sein, dass die Meldung eines schweren Unfalls im Kern-
reaktor eine höhere Priorität zuteil wird als dem Abruf des abendlichen
Fernsehprogramms. Dass sich, durch die unterschiedlichen Topologien bzw.
physikalischen Bedingungen, unterschiedliche Anforderungen hinsichtlich
der Kommunikation ergeben könnten, haben die vorherigen Abschnitte
bereits deutlich gemacht.

Die zuvor beschriebenen Überlegungen legen zwei mögliche Betrach-
tungsebenen nahe: die der Anwendung(-ssituation) und die der Hardware.
Etwa im Falle von Emilie und Lisa (vgl. Abb. 2.4, S. 17) muss auf beiden
Ebenen jeweils eine vollkommen andere logische Topologie umgesetzt werden. Dennoch sind beide Ebenen voneinander abhängig. Die Daten müssen
über die gegebene Infrastruktur übertragen werden, sollen aber zugleich
eine Art direkter Kommunikation zwischen Emilie und Lisa ermöglichen.
Bedingung dafür ist, dass die beiden sich verständigen können – typischerweise indem sie aus Buchstaben unter Beachtung der Regeln einer Sprache
Wörter und Sätze bauen, im Rahmen der Netzwerktechnik auch Protokoll
genannt. »Basically, a protocoll is an agreement between the communicating
parties on how communication is to proceed« [TANENBAUM, 2003, S. 27].

Daneben müssen aber auch die verwendeten Systeme sich auf ein Protokoll einigen und nicht zuletzt die Anforderungen der jeweiligen Netzwerkinstallation beachten. Emilie und Lisa wollen sich aber keine Gedanken
machen, wie ihre Daten übertragen werden, sondern sich nur untereinander
einigen. Daher sollte es eine Möglichkeit geben, die Aspekte der Kommunikation zwischen Emilie und Lisa von anderen, für die Übertragung notwendigen, Aspekten trennt. Daraus könnten jeweils einzelne, aufeinander
aufbauende und abhängige Protokolle entstehen, die untereinander mit
Schnittstellen kommunizieren können (vgl. [ebd., Abb. 1-14, S. 29]).

Damit wurde auf einfache Weise ein *Schichtenmodell* definiert (vgl. [ebd.,
S. 26ff; STEIN, 2008, S. 22ff] und Abb. 2.5, S. 19), das aus zwei, allgemein $n$
beliebigen, Schichten besteht. Jede Schicht $n$ scheint mit der entsprechenden

Emilie und Lisa wollen miteinander reden. Sie benutzen einen IM, der, um eine direkte Verbindung zu ermöglichen, ein entsprechendes Protokoll in der Software-Schicht umsetzt. Die Entwickler des IM mussten sich nicht um die Bedingungen der Netzwerkinstallation kümmern. Innerhalb der jeweiligen Schicht entsteht der Eindruck, sie würden Daten direkt mit der entsprechenden Schicht des Kommunikationspartners austauschen. Tatsächlich werden die Daten über eine Schnittstelle zur Hardware-Schicht geleitet, welche in einem eigenen Protokoll die technischen Voraussetzungen des Netzwerks beachtet und die Daten über die vorhandenen Verbindungen überträgt.

In heute existierenden Umsetzungen für Netzwerke, etwa TCP/IP, wird die Eingabe von Emilie und Lisa nicht als eine mögliche Schicht berücksichtigt. Letztlich stellt aber schon die Eingabe der Nachricht einen Schritt der Kommunikation dar, deren Auswirkungen in den technischen Realisierungen nicht näher untersucht werden – daher hier nur als gedachte *Schicht* abgebildet.

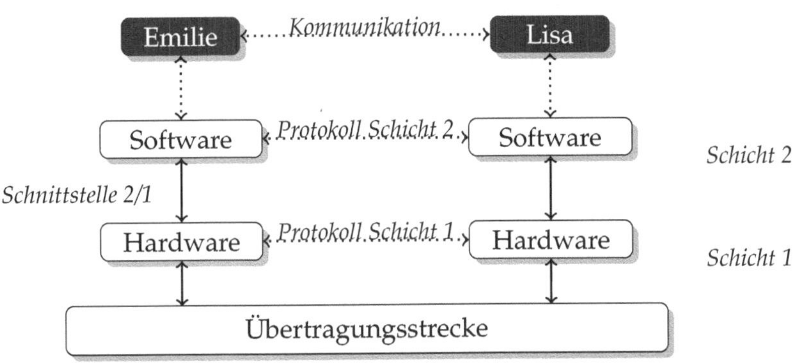


**Abbildung 2.5:** *Einfaches Schichtenmodell mit zwei Schichten – die erste Schicht regelt die Belange der Hardware, in der zweiten Schicht kann Software realisiert werden (vgl. [TANENBAUM, 2003, Abb. 1-13,1-14; S. 27ff])*

Schicht $n$ des Kommunikationspartners direkt zu kommunizieren. Dabei werden die Daten der Kommunikation von jeder Schicht – auch Instanz genannt – an die darunter liegende weitergereicht bzw. von der darunter liegenden entgegengenommen. »The fundamental idea is that a particular piece of software (...) provides a service to its users but keeps the details of its internal state and algorithms hidden from them« [TANENBAUM, 2003, S. 26]. Jede Schicht ist für sich genommen unabhängig von den anderen Schichten, so dass eine Standardisierung bzw. Einigung auf zentrale Protokolle nur für die jeweils betrachtete Schicht und nicht das komplexe Gesamtsystem getroffen werden müssen (vgl. [STEIN, 2008, S. 22]). Ein Schichtenmodell folgt damit dem Prinzip von *teile und herrsche*, um ein komplexes System strukturiert in einfache, *beherrschbare* Teile zu zerlegen.

»A set of layers and protocols is called a network architecture« [TANENBAUM, 2003, S. 28]. In einer gegebenen Netzwerkarchitektur muss klar definiert sein, wie Geräte auf der physikalischen Ebene arbeiten müssen und wie Protokolle für die einzelnen Schichten implementiert werden können. »Die Gesamtheit der Protokolle aller Schichten wird als Protokollstapel (...) bezeichnet« [STEIN, 2008, S. 25].

### 2.5.2  Pakete und Rahmen

Die beiden bedeutendsten Schichtenmodelle in der Netzwerktechnik, das OSI- (Open Systems Interconnection) und das in dieser Arbeit verwendete TCP/IP-Referenzmodell (vgl. [TANENBAUM, 2003, S. 37ff]), benutzen sieben bzw. vier anstelle von nur zwei Schichten. Heutige Anforderungen an Netzwerkarchitekturen sind so komplex, dass eine Aufteilung lediglich in Hard- und Software nicht ausreicht. In jeder Schicht wird mindestens ein spezielles Protokoll realisiert. Dadurch entstehen zusätzliche Daten, die für eine Kommunikation innerhalb der Schicht notwendig sind. Solche Metadaten, z. B. die Empfängeradresse, werden im sogenannten *Header* gespeichert (vgl. [ebd., S. 29]). Sie gehören also nicht zur eigentlichen Nachricht, sondern stellen die Übertragung sicher. Jede Schicht hat ihren eigenen Header, der als zusätzliches Datenfeld vor der eigentlichen Nachricht übertragen wird. Dadurch entsteht ein Datagramm bestehend aus den Headern der jeweiligen Schicht und der tatsächlichen Nachricht (vgl. Abb. 2.6, S. 21).

Nun gilt es zu beachten, dass ein solches Datagramm bei der Übertragung zu einem Endknoten unter Umständen viele verschiedene Knoten durch-

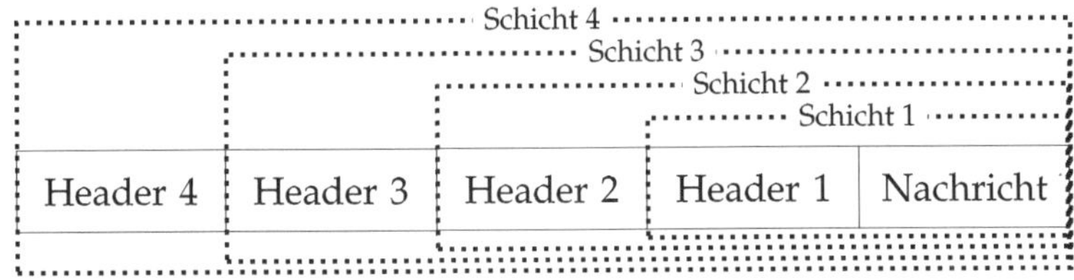

**Abbildung 2.6:** *Datagramm bei Verwendung eines vierschichtigen Modells*

laufen muss (vgl. Abb. 2.4, S. 17). Daraus ergeben sich unterschiedliche Aspekte.

*Paketvermittlungsnetz*

In vielen Netzwerken werden »nicht ständig beliebige Datenmengen« [COMER und DROMS, 2002, S. 101] übertragen, sondern »vielmehr teilt das Netzsystem die Daten in kleine Blöcke – so genannte Pakete (...) – auf, die einzeln gesendet werden« [ebd., S. 101]. Im Gegensatz dazu gibt es auch die Möglichkeit, eine exklusive Nutzung zu gestatten, etwa wie beim alten analogen Telefonanschluss üblich[4]. Allerdings zeigt sich, dass sofern mehrere Nutzer dieselbe Ressource bzw. dasselbe Netzwerk nutzen möchten, andere Systeme durch die exklusive Nutzung unnötig lange blockiert werden. Wie schon zu Abb. 2.1b, S. 10 beschrieben, müssen die Systeme nicht nur regeln, wer empfangen darf, sondern auch wer senden darf. Durch die Aufteilung in einzelne Pakete ist es möglich, allen einen *gerechten* Zugang zur gemeinsamen Ressource, z. B. dem Äther, zu gewähren (vgl. [ebd., S 101f]). Es werden gewissermaßen abwechselnd kleine Datenmengen übertragen. Dadurch verlängert sich zwar für den einzelnen die Übertragungsdauer, jedoch können alle *quasi*-gleichzeitig übertragen.

Daneben gibt es weitere Überlegungen, die ein Paketvermittlungsnetz favorisieren. Innerhalb dieser Arbeit kann darauf im Detail nicht näher

---

[4]In analogen Telefonnetzen kann von einem Anschluss nur ein Gespräch geführt werden. Ein zweites Telefon kann entweder dem selben Gespräch lauschen oder muss warten bis die Leitung wieder frei ist.

eingegangen werden (vgl. hierzu die Fachliteratur). *Das* Internet arbeitet ebenfalls mit Paketen.


*Hardware-Rahmen*

Bei der Übertragung durch komplexe Internetzwerke müssen viele unterschiedliche Knoten das Datagramm weiterleiten. Jedes Netzwerk hat unterschiedliche technische Voraussetzungen, so dass z. B. an die Größe des Pakets explizite Vorgaben bestehen. Der Begriff Paket oder Datagramm soll das allgemeine Konzept der Bündelung von Daten (und Metadaten) in einer einzelnen (kleinen) Datenstruktur umfassen. Sofern dagegen durch die Hardware spezifische Anforderungen an ein Paket definiert werden, soll von Rahmen gesprochen werden (vgl. [COMER und DROMS, 2002, S. 104]). So kann es notwendig werden, dass die Schichten unterschiedliche Problemstellungen in ihren Protokollen beachten müssen. Da die maximale Größe eines Rahmens feststeht, muss das Datagramm im Zweifel auf mehrere Rahmen aufgeteilt werden. Durch verschiedene Verfahren können Fehler in der Übertragung erkannt oder je nach Bedarf die richtige Reihenfolge der Rahmen sichergestellt werden (vgl. [ebd., S. 107ff]).


*Routing*

Rahmen müssen in großen Internetzwerken lange Wege zurücklegen, um zu ihrem Ziel zu kommen. In einer Bustopologie entscheiden die angeschlossenen Systeme, ob der Rahmen für sie bestimmt ist. In P2P-Netzen muss der jeweilige Knoten entscheiden, wie er den Rahmen weiterleitet. Dafür ist es notwendig, den Rahmen mindestens bis zur Vermittlungsschicht zu betrachten. Der Header eines IP-Pakets beinhaltet unter anderem die Zieladresse. Jeder vermittelnde Knoten muss Algorithmen ausführen, um zu bestimmen, wie das Paket weiterzuleiten ist.

Das Finden eines Weges vom Sender zum Empfänger wird in Netzwerken *Routing* genannt. Im IP-Protokoll werden die Adressen entsprechend der Zugehörigkeiten zu Internetzwerken vergeben. Somit kann ein vermittelnder Knoten bzw. *Router* durch den Vergleich der Zieladresse mit seiner eigenen grob entscheiden, in welches Teilnetzwerk er das Paket weiterleiten muss. Detailliertere Ausführungen bezüglich Routing sind im Rahmen dieser Arbeit nicht notwendig (vgl. [STEIN, 2008, Kap. 9.4]).


*TCP/IP Referenzmodell*

In *dem* Internet wird das TCP/IP Referenzmodell benutzt. Es hat die Netzzugangs-, Vermittlungs-, Transport- und Anwendungsschicht.

- Die Netzzugangsschicht regelt den Umgang mit der konkreten Netzwerkhardware, z. B. die Unterschiede zwischen kabelgebundenen P2P-Netzwerken und kabellosen Bus-Netzwerken, und gibt so Rahmen vor.

- Auf der Vermittlungsschicht wird in erster Linie das Internet-Protokoll (IP) eingesetzt. Jeder Knoten erhält eine eindeutige Zahl als Adresse. Die Pakete der höheren Schichten werden an die Rahmen angepasst, also z. B. aufgeteilt, und in Richtung des Zielsystems gesendet bzw. entsprechend empfangen (vgl. [ebd., S 353f]).

- Die Transportebene setzt Protokolle um, die die Art der Verbindung anpassen sollen. Dafür werden heute fast ausschließlich TCP (Transmission Control Protocol, verbindungsorientiert) und UDP (User Datagram Protocol, verbindungslos) eingesetzt (vgl. [TANENBAUM, 2003, S. 43]).

- In der Anwendungsschicht liegen die Protokolle der jeweiligen Anwendungssoftware, die genutzt werden soll. Typischerweise wird jedem Protokoll eine Nummer (*port*) zur Identifikation zugewiesen.

In der Praxis benötigt der Anwender die Adresse des Zielsystems und die Portnummer des Protokolls, das er erreichen möchte[5]. Die Hardwareprotokolle werden durch das Betriebssystem umgesetzt. Im Rahmen dieser Arbeit kann nicht auf sämtliche Protokolle des TCP/IP Referenzmodells im Detail eingegangen werden. Daher sei zur Vertiefung auf die zu Beginn dieses Abschnitts erwähnte Fachliteratur verwiesen.

---

[5]Oftmals wird durch vorkonfigurierte Anwendersoftware die Portnummer automatisch gewählt, so dass nur noch die Adresse des Zielsystems eingegeben werden muss.

Dienste haben für den Endanwender eine große Bedeutung. So unterscheidet sich im Detail bspw. das *post office protocol* (*kurz:* POP) vom *internet message access protocol* (*kurz:* IMAP) – dennoch sind beide für das Abholen von E-Mails auf einem entfernten System geeignet. Allgemein umfasst ein Dienst eine abstrahierte Funktion für den Nutzer. Demnach hat ein Dienst eine klare Funktionskomponente, etwa den Empfang einer Webseite per *hypertext transport protocol* (*kurz:* HTTP). Somit wird durch den Dienst der konkrete Nutzen für den Anwender definiert. Generell werden unter Diensten nicht nur die bereitgestellten Funktionen eines Protokolls in der Anwendungsschicht verstanden, sondern jede Schicht stellt durch das verwendete Protokoll Funktionen an höhere Schichten zur Verfügung (vgl. [STEIN, 2008, S. 25ff]).

Außerdem wird zwischen verbindungsorientierten und verbindungslosen Diensten unterschieden. Verbindungsorientierte Dienste können etwa mit einer Telefonverbindung verglichen werden. Es wird eine Verbindung zwischen zwei Endknoten hergestellt, indem einmal eine Nummer gewählt wird und der Kommunikationspartner den Hörer abnimmt. Die Verbindung bleibt bestehen, bis ein Gesprächspartner die Verbindung beendet. Ein verbindungsloser Dienst sendet Daten aufgeteilt in vielen Paketen als wären es Postkarten – jede Postkarte enthält die Empfängeradresse, jedoch können einzelne Karten verspätet ankommen oder verloren gehen (vgl. [TANENBAUM, 2003, S. 32ff]). Dennoch nutzen beide Möglichkeiten die selben Rahmen, um ihre Daten zu senden. Die jeweiligen Protokolle müssen dafür Sorge tragen, dass dennoch die entsprechenden Auflagen an die Verbindung beachtet werden.

Zusätzlich erscheint der Begriff des *Angebots* gerade im Kontext von Cyber-Mobbing sinnvoll, da immer mehr Dienste keine klar einzugrenzende Funktionskomponente besitzen. Bspw. erscheint Empfang und Versand von E-Mails durch den HTTP-Dienst abgelöst, sofern entsprechende, *webbasierte* Software der großen Anbieter benutzt wird. Aber auch komplexe Angebote, wie Foren oder soziale Netzwerkdienste (vgl. Abschnitt 3.2.1, S. 42), scheinen viele mögliche Dienste und Funktionen innerhalb einer Software zu bündeln, um etwas für die Nutzer Neues und Interessantes zu schaffen. Gerade durch die (Weiter-)Entwicklung von Browsern und entsprechenden Programmierumgebungen werden immer mehr Funktionskomponenten oder bestehende Dienste gebündelt. Es entstehen teilweise eigene Schnittstellen, die die Kommunikation mit bestimmten Funktionen einer Webseite durch den HTTP-Dienst ermöglichen. Prinzipiell könnten solche Erweiterungen als neue Schichten aufgefasst werden – dies findet jedoch bisher keine Berücksichtigung. Solche, typischerweise über den Browser angebotene, Software soll als Angebot im Internet bezeichnet werden.

## 2.6 Sicherheitsaspekte aus informatischer Sicht

An Netzwerkarchitekturen werden viele verschiedene Bedingungen gestellt. Sie müssen möglichst schnell sein oder eine günstige Verkabelung ermöglichen. Einige eher technische Bedingungen wurden in den vorherigen Abschnitten aufgezeigt. Da die Übertragung von Daten in *dem* Internet durch ein Schichtenmodell realisiert wird, kann der Endanwender Dienste und Angebote nutzen, ohne ein gesamtes Verständnis für die Übertragung besitzen zu müssen. Daher weiß er möglicherweise nicht, dass Pakete auf dem Weg von einem Endknoten zu einem anderen Endknoten von vielen Zwischenknoten betrachtet und weitergeleitet werden müssen. Für ihn erscheint eine direkte Verbindung realisiert. Prinzipiell werden Mechanismen benötigt, die die logische Topologie eines Anwendungsprotokolls gegen ungewollte Effekte durch die tatsächliche Topologie der darunter liegenden Schichten absichern. Emilie und Lisa möchten schließlich zu Recht nicht sämtliche Protokolle aller Schichten selbst entwickeln, um die Übertragung der Daten nach ihren Wünschen zu gestalten. Immer wieder gibt es Schlagzeilen über *Verbrechen* im Internet – es werden Kreditkartendaten missbraucht, E-Mails mitgelesen oder die Telefone von Regierungsmitgliedern abgehört (vgl. [HOLLAND, 2014]). Aus Nutzersicht gibt es ein Interesse daran, ein *sicheres* Internet benutzen zu können.

Neben den Interessen des Einzelnen gibt es eine weitere – zumeist wesentlich einflussreichere – Gruppe, die Netzwerke sicher gestalten möchte: Wirtschaftsunternehmen. Um vor Wirtschaftsspionage und ähnlichen Übergriffen, aber z. B. auch Übertragungsfehlern in sensiblen Bereichen – etwa bei Banküberweisungen – zu schützen, werden bzw. wurden Mechanismen und Konzepte entwickelt, um eine *sichere* Übertragung zu gewährleisten. Allerdings ist der Begriff *Sicherheit* nicht absolut zu definieren. Individuell gibt es unterschiedliche Anforderungen und Aspekte an den Status *sicher* (vgl. [COMER und DROMS, 2002, Kap. 37.2]). Z. B. könnten an ein Netzwerk, bestehend aus einem Drucker und einem Computer ohne weitere Verbindungen, weniger hohe Sicherheitsbemühungen als an einen von hunderten verschiedenen Nutzern erreichbaren Drucker angestrebt werden. Im letzteren Fall möchte der Besitzer möglicherweise Kosten regulieren und den Zugriff beschränken, wobei im ersten Fall der Besitzer selbst die direkte Kontrolle hat.

Deutlich hervorzuheben ist, dass Sicherheit immer relativ zu bewerten ist. Es bedeutet weder, dass Angriffe unmöglich sind, noch dass es für immer sicher ist. Gerade aus didaktischen Gründen werden daher im Folgenden allgemeine Konzepte oder *fundamentale Ideen* (vgl. Abschnitt 2.7, S. 31), die dennoch als zeitlich invariante Basis der Netzwerksicherheit identifiziert werden können, herausgestellt.

### 2.6.1 Sicherheitsstandards in (offenen) Internetzwerken

Typischerweise werden Sicherheitsstandards immer dann als unerlässlich beschrieben, wenn Angriffsszenarien möglich werden. Sowohl STEIN als auch COMER und DROMS unterscheiden dafür zwischen offenen und geschlossenen Internetzwerken. Gemeint ist damit, dass in offenen Internetzwerken den Endknoten die möglichen Zwischenknoten unbekannt sind bzw. sie deren Glaubwürdigkeit nicht prüfen können. Dies kann sowohl in Funknetzen aber auch in Kabelnetzen (etwa in Netzwerken, die die Stromleitung als Übertragungsmedium nutzen oder wenn der Internetzugang durch das (ursprünglich) in Bustopologie organisierte TV-Kabelnetz hergestellt wird (vgl. [TANENBAUM, 2003, S. 175f])) und nicht zuletzt in *dem* Internet der Fall sein. Fragwürdig ist, ob die Unterscheidung zwischen offenen und geschlossenen Internetzwerken tatsächlich sinnvoll ist, um Sicherheitsstandards zu unterscheiden. TANENBAUM gibt zu bedenken, dass die meisten Sicherheitsprobleme durch falsch informierte oder böswillig handelnde Mitarbeiter bzw. Mitglieder eines eigentlich geschlossenen Internetzwerks entstehen (vgl. [ebd., S. 723ff]). Dennoch muss definiert werden, was in welchem Kontext zu *schützen* ist.

Zunächst werden rein technische Aspekte der Sicherheit betrachtet, indem die möglichen Bedrohungen herausgestellt und daraus allgemeine Sicherheitsziele abgeleitet werden. Die aufgelisteten fünf Ziele werden in der Literatur oft als grundlegende von Internetzwerken zu erreichende Ziele beschrieben (vgl. [STEIN, 2008, S. 175ff; FREISCHLAD, 2010, S. 36ff; COMER und DROMS, 2002, Kap. 37]) – allerdings werden die Ziele selten eindeutig standardisiert. Daher liegen dieser Arbeit in erster Linie die im Folgenden beschriebenen Anforderungen an Informationssicherheit der *International Telecommunication Union* (*kurz:* ITU) nach [FREISCHLAD, 2010, S. 36] zu Grunde.

*Authentifikation* An einer Kommunikation beteiligte Endknoten müssen sich *ausweisen* können, da ansonsten beliebige Endknoten vorgeben könnten, den gewünschten Dienst, möglicherweise gefälscht, vorzuhalten.

*Geheimhaltung* An der Kommunikation notwendigerweise oder böswillig beteiligte Zwischenknoten können die Nachricht des Pakets ebenfalls lesen. Die Nutzung der eigentlichen Nachricht durch andere Knoten muss unterbunden werden.

*Integrität* Sowohl böswillige Veränderungen durch andere Knoten als auch Übertragungsfehler können Daten verfälschen. Die Echtheit der Daten muss bestätigt werden können.

Die ersten drei Ziele sind unabhängig vom Dienst und Nutzer wichtige Ziele, die in jedem Internetzwerk eingehalten werden sollten. Sie stellen nicht nur einen Schutz gegen böswillige Attacken, sondern auch gegen fehlerhafte Software, dar.

*Nichtabstreitbarkeit* Es ist unklar, ob Pakete tatsächlich gesendet oder angekommen sind. Durch Angriffe oder Übertragungsfehler könnten sie verloren gegangen sein. Es muss eine Bestätigung über den Versand und Empfang geben.

*Zugriffskontrolle* Auch in offenen Netzwerken sind Inhalte für den freien, eingeschränkten oder ausschließlichen Zugriff vorgesehen. Möglicherweise sind die Einträge eines Tagebuchs dem Verfasser exklusiv vorbehalten, wohingegen die Urlaubsfotos der gesamten Familie zur Verfügung stehen sollen. Der Zugriff auf Dienste muss geregelt und verfügbar sein.

Die Nichtabstreitbarkeit ist nicht für alle Dienste notwendig bzw. sinnvoll. Bei einer Videoübertragung können bspw. einzelne Pakete verloren gehen, ohne dass die Wiedergabe des Videos gestört wäre. Für den Nutzer ist es zunächst nicht von Interesse zu erfahren, ob die Daten tatsächlich abgesendet wurden. Er möchte nur das Video sehen. Dagegen ist bei einer Geldüberweisung wichtig, ob die Überweisung getätigt und empfangen wurde. Gerade bei großen Summen könnte es sonst zu Missverständnissen kommen.

Auch eine Zugriffskontrolle ist nicht immer notwendig. Bestimmte Dienste sollen sogar für jeden abrufbar sein. Allerdings sollte dem Nutzer und vor allem dem Anbieter bewusst sein, dass eine Kontrolle möglich ist, sofern sie von Nöten wäre.


### 2.6.2 Psychologische Aspekte der Sicherheit in Internetzwerken

Der bisher dargestellte Blick auf Sicherheit in Internetzwerken orientiert sich stark an den technischen Voraussetzungen. Somit könnte der Eindruck entstehen, Sicherheit wäre durch das Ausmerzen sämtlicher *Lücken* in der Modellierung bzw. Implementierung von Netzwerken zu erreichen. Die Realität ist allerdings wesentlich komplexer und soll nur kurz skizziert werden.

Eine gute Sicherheitsarchitektur benötigt die folgenden vier Elemente (vgl. [ANDERSON, 2008, S. 4f]):

- Einen Verhaltenskodex, so dass Handlungsabläufe und Zuständigkeiten klar sind,

- notwendige Geräte, wie etwa Fingerabdrucksensoren oder Metalldetektoren an Flughäfen,

- Vertrauen, sowohl empirisch als auch gefühlt,

- Motivation.

Die beschriebenen vier Elemente greifen ineinander und müssen gegeneinander abgewogen werden. Dies kann bspw. dazu führen, dass Menschen mehr Angst haben, dass in ihr Haus eingebrochen oder ihr Auto gestohlen wird, als davor, dass jemand ihre privaten E-Mails mitlesen könnte. Somit entsteht zwar eine Motivation, Geräte und Kodexe zu entwickeln, um Einbrecher daran zu hindern den materiellen Besitz zu entwenden, aber über unverschlüsselte E-Mail-Kommunikation können Bewegungsprofile, Beziehungsstatus etc. erfahren werden, um einbrechen zu können, wenn niemand zu Hause ist – denn Einbrecher haben vor nichts mehr Angst, als davor, auf frischer Tat erwischt zu werden (vgl. [ebd., S. 10f]).

Wenn von Sicherheit in Internetzwerken gesprochen wird, dann muss demnach auch über psychologische Aspekte diskutiert werden – denn rein praktisch ist es möglich die zuvor genannten Ziele zu erreichen (vgl. Abschnitt 2.6.3, S. 31). Doch zum einen müssen die Nutzer davon überzeugt werden, solche Techniken auch zu benutzen und in ihren alltäglichen *Kodex*, so wie das Abschließen des Hauses, aufzunehmen. Zum anderen ist das alltäglichere Problem vor allem das sogenannte »Phishing«. Menschen werden angerufen, erhalten gefälschte E-Mails oder werden auf eine modifizierte Webseite geleitet, um Passwörter zu nennen, Verträge abzuschließen usw. (vgl. [ebd., Kap. 2]). ANDERSON benennt Nutzbarkeit als das Hauptaugenmerk heutiger Sicherheitsüberlegungen. Daher werden Passwörter in der heutigen Alltagswelt zur Identifizierung und Absicherung eingesetzt, obwohl bekannt ist, dass Passwörter häufig vergessen und daher zu einfache verwendet werden. Somit sind sie im Gegensatz zu anderen Verfahren viel *unsicherer* (vgl. [ebd., Kap. 2.4]).

Es wird deutlich, dass Sicherheit in hohem Maße vom Nutzer selbst abhängt und nicht nur vom im Zweifel böswilligen Anbieter. Außerdem benötigt der Benutzer Vertrauen in die Sicherheit seines Handelns.

> »Vertrauen aber kann enttäuscht und getäuscht werden. Mit der Komplexität (...) steigt die Unsicherheit der Teilnehmer. Vertrauensbildende Maßnahmen sind erforderlich. Technische Sicherheit soll Vertrauen dort stärken, wo es enttäuscht werden kann. Fehlendes Vertrauen in einen Prozess wird damit durch Vertrauen in ein technisches Verfahren kompensiert« [KOUBEK, 2006, S. 25].

Eigentlich wird so vom handelnden Individuum die Kompetenz abverlangt, das Vertrauen in technische und soziale bzw. psychologische Aspekte von Sicherheitsarchitekturen einschätzen und abwägen und daraus einen entsprechenden Verhaltenskodex ableiten zu können. Es ist zu klären, ob das Vertrauen in ein *technisches Verfahren* zu höherer Sicherheit führen kann, selbst wenn das faktische Verständnis über die verwendeten Verfahren und damit die eigentliche Einschätzung in sicher oder unsicher nicht gegeben ist. Letztlich ist Sicherheit eben ein Gefühl, das individuell befriedigt wird. Unwissenheit kann somit zu einem Vertrauen führen, das unter objektiven Gesichtspunkten unsinnig erscheint. Sicherheitsprobleme können mit Hilfe informatischer Werkzeuge gelöst werden. Dennoch entscheiden psychologische Aspekte, wie etwa die Motivation oder das Vertrauen der handelnden Individuen, darüber, wie umfassend Sicherheitsverfahren umgesetzt bzw. eingesetzt werden.

> **Sichere E-Mail aus Deutschland:**
> Die Initiative *E-Mail made in Germany* besteht aus großen deutschen E-Mail Anbietern und propagiert, dass die Daten »verschlüsselt übertragen [werden], sowohl zwischen unseren Nutzern und unseren Rechenzentren als auch untereinander« [*E-Mail made in Germany* 2014]. Dazu wird SSL eingesetzt. Verschleiert wird, dass damit nur die Verbindung vom Nutzer zum E-Mail Anbieter verschlüsselt wird, nicht aber die Nachricht selbst – sie kann vom Anbieter, Behörden, Angreifern auf den E-Mail-Server usw. ohne Aufwand gelesen werden. Der Nutzer wird nicht über die Risiken der angebotenen Sicherheit aufgeklärt.

Im TCP/IP-Referenzmodell werden keinerlei Sicherheitsbestimmungen direkt umgesetzt. Nutzer müssen sich also aktiv um die Sicherheit kümmern. Der unwissende Nutzer kann nicht einschätzen, wie sicher eine Verbindung ist und wie sicher sie für ihn sein sollte. »Ich habe doch nichts zu verbergen«, erscheint so fast als Ausrede dafür, es eben nicht besser zu wissen. Zugleich wird durch Medien und Anbieter oftmals eine *scheinbare* Sicherheit propagiert (vgl. Kasten links), die nicht für jeden direkt identifizierbar ist. Letztlich muss das Ziel sein, dass eine Kommunikation vom Anfang bis zum Ende, d. h. zwischen den beteiligten Endknoten bzw. den Nutzer(systemen), vertraulich, authentifiziert und integriert abläuft. Denn jede Form der (unverschlüsselten) digitalen Kommunikation kann abgehört werden.

### 2.6.3 Möglichkeiten, um Sicherheit zu erreichen

Über Sicherheitsaspekte und mögliche Strategien zur Umsetzung könnten ganze Bücher gefüllt werden. Im Rahmen dieser Arbeit werden einige wesentliche Ideen und Hinweise dargestellt. Letztlich müssen die unterschiedlichen Schichten jeweils eigene Aspekte der Sicherheitsziele umsetzen, denn beim Routing der Pakete müssen Header von Systemen betrachtet werden können, die von der Nachricht, evtl. der Übertragung selbst, nichts erfahren sollen (vgl. [TANENBAUM, 2003, S. 723]). Die letzten Abschnitte sollten gezeigt haben, dass aus Anwendersicht eine Verbindung dann sicher ist, wenn sie von Endknoten zu Endknoten sicher ist. Emilie möchte, dass ihre Nachrichten zu Lisa so übertragen werden, als wären nur sie beide an der Übertragung beteiligt.

Grundlage sämtlicher Sicherheitsbemühungen ist die Kryptographie (vgl. [ANDERSON, 2008; TANENBAUM, 2003, Kap. 8.1; STEIN, 2008, Kap. 5.6.2]). Sofern verhindert werden soll, dass Dritte eine Nachricht mitlesen können, muss diese verschlüsselt werden. Durch moderne Verschlüsselungsverfahren kann eine ausreichend hohe Sicherheit hergestellt werden. Dabei wird oft neben der Geheimhaltung auch die Authentizität durch entsprechende Zertifikate bzw. Schlüssel sichergestellt. Als Beispiele seien hier PGP[6] zur Verschlüsselung von E-Mails oder SSL[7] zum verschlüsselten Empfang einer Webseite erwähnt. PGP stellt eine Ende-zu-Ende-Verschlüsselung und Authentifizierung sicher und arbeitet unabhängig vom verwendeten Anwendungsprotokoll. SSL stellt eine Möglichkeit dar, die Verbindung zu verschlüsseln und zu authentifizieren.

## 2.7 Fundamentale Ideen und Netzwerke

Wie in Abschnitt 1.1, S. 1 beschrieben, sollen Kompetenzen identifiziert werden, die Individuen in die Lage versetzen, in der Situation Cyber-Mobbing sinnvoll handeln zu können. Dazu wurden in diesem Abschnitt einige

---

[6]*Pretty Good Privacy,* `https://de.wikipedia.org/wiki/Pretty_Good_Privacy`, zuletzt betrachtet: 2014-06-20

[7]*Secure Sockets Layer,* `https://de.wikipedia.org/wiki/Transport_Layer_Security`, zuletzt betrachtet: 2014-06-20

fachliche Überlegungen angestellt, um grundlegende Konzepte der Kommunikation in Netzwerken herauszustellen. Anspruch an Kompetenzen ist eine gewisse Zeitinvarianz. Demnach wäre es wenig sinnvoll, Kompetenzen auszubilden, deren Nutzen sich nur auf eine sehr kurze Zeit beschränkt. Zugleich stellt sich die Frage, ob der mögliche Anwendungsbereich der Kompetenzen breit oder sehr speziell ist. Daher erscheint das Konzept der fundamentalen Ideen am besten geeignet, um die angeführten fachlichen Grundlagen auf mögliche Beschreibungsschema und Handlungsdimensionen zu untersuchen.

> »Eine fundamentale Idee bzgl. eines Gegenstandsbereichs (...) ist ein Denk-, Handlungs-, Beschreibungs- oder Erklärungsschema, das
>
> 1. in verschiedenen Gebieten des Bereichs vielfältig anwendbar oder erkennbar ist (*Horizontalkriterium*),
>
> 2. auf jedem intellektuellen Niveau aufgezeigt und vermittelt werden kann (*Vertikalkriterium*),
>
> 3. in der historischen Entwicklung des Bereichs deutlich wahrnehmbar ist und längerfristig relevant bleibt (*Zeitkriterium*),
>
> 4. einen Bezug zu Sprache und Denken des Alltags und der Lebenswelt besitzt (*Sinnkriterium*)« [HUMBERT, 2006, S. 36].

Aus der fachlichen Analyse wurden vier Themenbereiche als wichtig herausgestellt: Topologien, Protokolle, Pakete und Sicherheitsziele. Die technischen bzw. physikalischen Voraussetzungen für die Übertragung von Signalen wurde außen vor gelassen, da die Auswirkungen zum einen unspezifisch für die Netzwerktechnik und zum anderen unbedeutend für das allgemeine Verständnis der Funktionsweise von Netzwerken sind. Anhand der angegebenen Kriterien werden die vier Bereiche kurz unter Aspekten der fundamentalen Ideen untersucht (vgl. [SCHWILL, 1993, S. 10]).


### 2.7.1 Topologien

Topologien beschreiben und analysieren die geometrische Lage von Verbindungen (vgl. Abschnitt 2.4, S. 8). Verteilte Systeme sind in bestimmten Topologien organisiert, aber auch der Anschluss bzw. die Integration von Hardware in Informatiksysteme werden durch Topologien, z. B. beim Universal Serial Bus (*kurz:* USB), charakterisiert. Sowohl die komplexe Betrachtung (mathematischer) Eigenschaften bis zu simplen Beschreibungen möglicher Wege sind möglich. Topologien durchdringen unseren Alltag in Form von Stationsnetzen von Bussen und Bahnen oder Routenplanern.

### 2.7.2 Protokolle

In Abschnitt 2.5.1, S. 16 wurde beschrieben, dass die Übertragung von Daten in Netzwerken in einem Schichtenmodell organisiert ist. Ein komplexes Gesamtsystem wird in kleine greifbare Ebenen zerlegt, um es verständlich und anwendbar zu machen.

Die zentrale Idee hinter einem Schichtenmodell, wie es in Netzwerkarchitekturen benutzt wird, könnte Hierarchisierung (n. [ebd., S. 20]) genannt werden. Es ist ein Prinzip, das in unterschiedlichen Bereichen der Informatik, etwa als Sprachhierarchien (Chomsky-Modell), Maschinenmodell oder in der Betriebssystemarchitektur, Anwendung findet. Komplexe Vorgänge in einfache handhabbare Einheiten zu zerlegen ist weder ein neuartiges noch ein kompliziertes Vorgehen. Auch Lexika, die nach Alphabet sortierte Markierungen enthalten, stellen eine Anwendung des Prinzips dar. Aber auch die Klammerung oder Einrückung in Programmiersprachen oder der Aufbau eines Autos in mehreren abhängigen Stationen am Fließband sind Hierarchisierungen. Sowohl das Vertikal-, Zeit- als auch das Sinnkriterium sind somit erfüllt.

Daneben erscheint auch das Prinzip eines Protokolls fundamentalen Charakter zu besitzen. In sämtlichen Bereichen der Informatik müssen Vereinbarungen getroffen werden, wie kommuniziert werden kann. Etwa bei der Interprozesskommunikation, in verteilten Systemen oder in der Kommunikation mit angeschlossener Peripherie. Protokolle gibt es seit den ersten Informatiksystemen und wird es auch in Zukunft in irgendeiner Form immer geben. Letztlich werden auch in der Schule Protokolle umgesetzt. Z. B. müssen die Schüler sich melden, wenn sie etwas sagen wollen und werden daraufhin vom Lehrer aufgerufen. Somit sind Protokolle als fundamentale Idee einzustufen.

### 2.7.3 Pakete

Pakete sind Datenblöcke, in denen komplexe Datenstrukturen, etwa hierarchisch organisierte Datagramme (vgl. [COMER und DROMS, 2002, Kap. 7]), enthalten sind. Ein großes Paket kann in mehrere kleinere Pakete zerlegt werden. Pakete werden benutzt um Verzeichnisse mit vielen, großen Dateien in eine oder mehrere einzelne Dateien zusammenzufassen. In der Softwaremodellierung mit UML (unified modeling language) umfassen Pakete eine Menge von Modellelementen (vgl. [*Paket (UML)* 2014]). Ein einfaches Prinzip stellt schon die Eimerkette zur Löschung eines Feuers dar. Die große benötigte Menge Wasser wird hier auf mehrere Pakete bzw. Eimer aufgeteilt. Komplexer ist dagegen die Betrachtung von IP-Paketen.


### 2.7.4 Sicherheitsziele

In [FREISCHLAD, 2010, S. 36ff] wurde die Tauglichkeit als fundamentale Idee der, auch in dieser Arbeit angegebenen Sicherheitsziele, ausführlich bestätigt. Daher soll ein grober Überblick genügen.
Sicherheitskonzepte werden nicht nur in Netzwerken, sondern auch bei der Architektur von Betriebssystemen benötigt, damit verschiedene Prozesse und Benutzer *quasi*-gleichzeitig kommunizieren können. Aber auch beim Anschluss von Peripherie sind Sicherheitsziele wichtig, um etwa bei mehreren per USB angeschlossenen Speichermedien Schreib- und Lesezugriffe zu sichern. Dass die Haustür abgeschlossen werden muss oder gar Alarmanlagen eingebaut werden, um Besitz und Privatsphäre zu schützen, ist heute jedem bewusst. Autos erhalten komplexe Sicherheitssysteme, um die Insassen zu schützen. In Zukunft werden immer aufwendigere Sicherheitsvorkehrungen entstehen, so dass Autos möglicherweise bald ohne Fahrer sicher fahren können (vgl. [SCHWAN, 2014]). Die Schutzziele erscheinen sowohl im Anforderungsniveau breit als auch sinnhaft und zeitlich invariant.

## 2.8 Fazit

Die fachliche Analyse der Kommunikation in Netzwerken hat zentrale Konzepte, wie Topologie, Protokolle, Pakete und Sicherheit, herausgestellt. Mithilfe der Kriterien zu fundamentalen Ideen konnten die fachlichen Konzepte auf ihre Tauglichkeit als Erklärungs- und Beschreibungsschema hin untersucht werden. Deutlich wird so, dass entgegen des oft gefühlt nur sehr kurzlebigen Geschäfts von Angeboten im Internet, Konzepte für die Kommunikation in Netzwerken keine neuartigen Ideen sind. Gewissermaßen kann somit nicht von der *Entdeckung des Internets* gesprochen werden. Die benutzten Konzepte und Technologien stellen praktisch alten Wein in neuen Flaschen dar (vgl. [HELLIGE, 2006]).

Damit zeigt sich aber auch ein wichtiger Schritt in der Findung von informatischen Kompetenzen zum Umgang mit Cyber-Mobbing. Mobbing kann nicht nur in der Schule, sondern das ganze Leben über auftreten. Somit müssen die Kompetenzen einen unspezifischen Transfer auf neue Situationen und Problemstellungen fördern. Allgemeine Denkweisen, Prinzipien usw. können, sofern sie etwa den Kriterien fundamentaler Ideen genügen, einen solchen Transfer ermöglichen (vgl. [SCHWILL, 1993, S. 2f]). Die hier angegebenen fachlichen Konzepte können dies leisten – vor allem da sie ein Verständnis mit einer sehr langen Lebensdauer liefern, das nicht unnütz ist, sobald die Firma eines bestimmten Angebots Konkurs anmeldet.

Bisher wurden die konkreten Anwendungsdienste und Angebote nicht weiter untersucht, da Konzepte zum Verständnis eher der Softwaretechnik zuzuschreiben wären und daher den fachlichen Rahmen sprengen würden. Im weiteren Verlauf dieser Arbeit muss nun gezeigt werden, dass aus den fundamentalen Ideen der Kommunikation in Netzwerken auch wirkliche Handlungsschema bzw. -dimensionen in der Situation Cyber-Mobbing entstehen. Dafür sollten auch die genutzten Angebote hinsichtlich der erarbeiteten Konzepte genauer betrachtet werden.

Offen bleibt damit die explizite Betrachtung des gesamten Protokollstapels. Im weiteren Verlauf dieser Arbeit, wird die Anwendungsschicht vor allem hinsichtlich der Auswirkungen für die Gesellschaft bzw. die handelnden Menschen untersucht. Um den Rahmen dieser Arbeit nicht zu sprengen, wird auf die detaillierte Diskussion der Zusammenhänge zwischen konkreten Diensten bzw. Angeboten und den in diesem Abschnitt erarbeiteten

Fachkonzepten verzichtet. Weitere Hinweise können der jeweils angegebenen Fachliteratur entnommen werden.

# 3 Untersuchung von Eigenschaften und Dimension der Mobbinghandlungen im Kontext Cyber-Mobbing

Cyber-Mobbing ist prinzipiell nicht zu unterscheiden von »normalem« Mobbing. Typischerweise wird Mobbing anhand des Kontextes, in dem es stattfindet, charakterisiert, etwa am Arbeitsplatz, in der Schule oder dem Sportverein. Jeder Kontext hat spezielle Gruppenkonstellationen und Machtdynamiken, die Mobbing begünstigen oder erschweren. In der Schule besitzt der Lehrer bspw. viel gestalterische und organisatorische Macht, die er sowohl nutzen kann, um Mobbing zu verhindern, als auch es zu begünstigen. Die Schüler sind eine u. a. durch Schulpflicht in gewisser Weise *eingesperrte* Gruppe (vgl. [SCHUSTER, 2013]). Den Sportverein könnte ein Mitglied auch verlassen.

Generell können in allen Kontexten Informatiksysteme benutzt werden, um Mobbinghandlungen durchzuführen. Dadurch entsteht eine besondere Brisanz, da eine erhöhte Verbreitung bzw. Quantität der Handlungen und ein verstärkter Kontrollverlust der Opfer erreicht wird. Die Auswirkungen wurden bereits ausführlich diskutiert und das Fehlen informatischer Bildung (vgl. Abschnitt 1.1, S. 1 und [HILBIG, 2012]) herausgestellt. Prinzipiell unterscheidet sich allerdings die Mobbinghandlung selbst für den Täter in der Ausführung kaum. Aus Tätersicht scheint das Informatiksystem kein Werkzeug zu sein, dass explizit wegen der erhöhten Wirkung ausgewählt wird – die Täter sind sich häufig über die Folgen nicht bewusst (vgl. [FAWZI, 2009a; RIEBEL, 2008]). Die informatischen Grundlagen für eine Kommunikation mit Hilfe von Informatiksystemen wurden bereits herausgestellt. Nun gilt es zu untersuchen, welchen Einfluss konkrete Dienste bzw. Angebote auf das Mobbing haben. Dabei werden allgemeine Konzepte identifiziert, um Handlungsmöglichkeiten für Individuen innerhalb eines

Mobbing-Systems zu entdecken und die Besonderheiten des Cyber-Mobbing genauer zu verstehen. Es wird eine Möglichkeit, mit der Angebote hinsichtlich der Auswirkungen und Besonderheiten für Mobbing charakterisiert werden können, entwickelt.

## 3.1 Nutzung von Diensten, Angeboten und Software bei Cyber-Mobbing

Bei Betrachtung der aktuellen Forschungslage fällt auf, dass wenig darüber bekannt ist, warum welche Software für Cyber-Mobbing genutzt wird. Dabei erscheint die These, dass unterschiedliche Software Einfluss auf die Auswirkungen der Mobbinghandlungen hat, einleuchtend. Schließlich umfasst der Funktionsumfang moderner, mobiler Informatiksysteme nicht nur den von *stationären*, mit dem Internet verbundenen, Systemen, sondern ersetzt auch Telefon oder Digitalkamera. Wenn von einer Demütigung ein Video aufgenommen und über entsprechende Portale verteilt wird, so ist die Ausbreitung und die Gefahr erweiterter Handlungen, z. B. durch Kommentare anderer Nutzer, sehr gravierend (vgl. [SHANMUGANATHAN, 2010]). Festzustellen ist, dass Informatiksysteme und Angebote elementarer Bestandteil der Lebenswelt von Kindern und Jugendlichen sind (vgl. [MPFS, 2013a; MPFS, 2013b]). Im weiteren Verlauf wird in erster Linie die spezifische Nutzung, anderen (bewusst und unbewusst) zu schaden, näher untersucht.

SMITH u. a. haben in amerikanischen, weiterführenden Schulen groß angelegte Studien durchgeführt, um die Charakteristiken unterschiedlicher Medien beim Mobbing herauszufinden. Sie konnten herausstellen, dass genutzte Angebote auf sieben sogenannte »Medien« mit ähnlichen Eigenschaften heruntergebrochen werden können. Wenngleich die angegebenen Nutzungsdaten je nach Zeitpunkt und Alter der Probanden doch stark schwanken, ergibt sich dennoch ein erster Ansatz, Kategorien bzw. Konzepte zu entwickeln. Mit steigender Nutzungsfrequenz konnten Chats, SMS, IM, Anrufe und Bild- bzw. Videomaterial angegeben werden (vgl. [SMITH u. a., 2008]).

FAWZI bezeichnet solche *Medien* als Kanäle, durch die Mobbing mit Hilfe von Informatiksystemen stattfindet (vgl. [FAWZI, 2009b, S. 34ff]). Die Kanäle werden hinsichtlich des benutzten Gerätes, der Ausdrucksform und des Öffentlichkeitsgrades unterschieden. Je mehr Menschen die Handlungen nachvollziehen oder sogar weiterverbreiten, desto mehr Unbeteiligte werden Teil des Mobbing-Systems. Daneben hat die Anonymität im jeweiligen Angebot einen hohen Einfluss darauf, wie attraktiv es für den Täter erscheint. Je anonymer das potentielle Opfer erscheint, desto geringer ist das Vorkommen von Mobbingfällen (vgl. [SMITH u. a., 2008, S. 384]). Täter manipulieren Gruppen- bzw. Machtprozesse, um als Anführer sozial *clever* nach Erfolg und Akzeptanz zu streben (vgl. [SCHÄFER und HERPELL, 2010, S. 95ff]). Opfer werden nicht wahllos gewählt, sondern sind ein konkretes und dauerhaftes Ziel. Daher müssen Opfer im jeweiligen Kanal zu identifizieren sein. Sofern nicht klar ist, ob immer die selben Individuen handeln, entsteht kein Mobbing-System. Allerdings ist hier Anonymität nicht im juristischen Sinne gemeint, denn auch virtuelle Persönlichkeiten (vgl. [HILBIG, 2012, S. 17]), die zwar keinen Rückschluss auf den realen Menschen zulassen, können virtuell zum Opfer werden – mit denselben realen Auswirkungen. Wobei »reines« Cyber-Mobbing selten isoliert von realen Handlungen vorkommt. *Virtuelle* Opfer sind meist auch *reale* Opfer (vgl. [RIEBEL, 2008]).

Interessant ist auch der Fakt, dass die von SMITH u. a. befragten Schüler sehr genau über Vor- und Nachteile der jeweiligen Angebote in Bezug auf Cyber-Mobbing informiert sind. Als besonders beängstigend empfinden sie die Anonymität der Täter, etwa bei unbekannten Anrufern. Aber auch die gefühlte Einsamkeit im »Erleben« der Handlungen, die oft allein vor dem Bildschirm und ohne direkte Unterstützung von Freunden wahrgenommen werden, führt zu Hilflosigkeit (vgl. [SMITH u. a., 2008, S. 381]). Zugleich besitzen Angebote im Internet auch einen hoch eingeschätzten positiven Nutzen. »I don't think you can ever stop cyberbullying[1] at all because you'd basically have to get rid of all the communication things that we love und you can't do that« [ebd., S. 381]. Ein Verbot erscheint daher nicht sinnvoll. Schließlich würde die Idee, Schule oder den Sportverein einfach zu verbieten, Mobbing ebenso wenig verhindern (vgl. [HILBIG, 2012, S. 31]).

WACHS und WOLF zeigen, dass Täter und Opfer Medien bezüglich ihres Potentials unterschiedlich wahrnehmen. Bei Mobbinghandlungen wird

---

[1]Vor allem in der angloamerikanischen Literatur aber auch im deutschsprachigem Raum wird oft der Begriff *Cyberbullying* anstelle von Cyber-Mobbing verwendet.

»per SMS/Handy nicht mit den Opfern direkt kommuniziert, sondern mit anderen Personen, um z. B. Gerüchte zu streuen. Ein direktes Bullying per SMS/Handy würde dagegen eine Beweislage erzeugen« [WACHS und WOLF, 2011, S. 741]. Dagegen nehmen in der Untersuchung von WACHS und WOLF Opfer vor allem Chatrooms und IM als Medium für Mobbinghandlungen wahr.

Deutlich wurde, dass in der aktuellen Forschung eine gewisse *Begriffsnot* besteht. Von Medien über Geräte bis hin zu Kanälen wird zwar ein begriffliches Durcheinander untersucht, aber informatische Prinzipien werden dabei nicht berücksichtigt. Es bleibt unklar, ob konkrete Software, etwa ein IM, oder Ausdrucksformen bzw. Funktionalitäten, etwa Textnachrichten oder Audioübertragungen, untersucht werden. Auch scheint es fragwürdig »soziale Netzwerke« unter der Kategorie *Websites* zusammenzufassen (vgl. [ebd., S. 740]). Die Grenzen zwischen scheinbar klaren, feststehenden »Medien« verschwimmen immer mehr. Schließlich ist ein Telefonat heute nicht mehr nur über ein Telefon, sondern auch über beliebige Endgeräte durch Internetdienste möglich. Somit wird jedoch nicht klar, welche (informatischen) Eigenschaften von Angeboten die Motivation, Funktion und den Antrieb von Mobbing(handlungen) begünstigen bzw. ermöglichen. Die Frage, welche Angebote auch zukünftig genutzt werden und welche Kompetenzen notwendig sein könnten, um damit sinnvoll umzugehen, kann zunächst nicht beantwortet werden. Im Folgenden wird das System hinter dem Cyber-Mobbing (in Anlehnung an das Mobbing-System, vgl. [BLUM und BECK, 2012, S. 43ff]) definiert und die zuvor beschriebenen Forschungsansätze eingeordnet.


## 3.2 Modell zur Analyse der zum Cyber-Mobbing genutzten Angebote

Die folgenden Angebote sollen in ein Kategoriensystem eingeordnet werden. Die Zusammenstellung wurde aus der angegebenen Literatur bzw. der zuvor beschriebenen Auswahl an Forschungsergebnissen und Überlegungen des Autors entwickelt – allerdings soll sie nicht als vollständig im Sinne von maximaler Ausreizung des technisch Möglichen angesehen werden, sondern ergibt sich aus den empirischen Überlegungen bzw. Untersuch-

ungen. Damit kann auch keine Aussage über die Quantität der einzelnen
Angebote getroffen werden.

*Anruf* Nutzer führen mit Informatiksystemen, die Sprachein- und -ausgabe
ermöglichen, eine Audiokommunikation, z. B. einen Telefonanruf,
durch (vgl. [SMITH u. a., 2008]). Hier sind explizit keine Telefonkonfe-
renzen oder Videoanrufe gemeint.

*Bildnachricht* Eine Kommunikation bei der die übertragenen Daten digitale
Bilder[2] repräsentieren. Hiermit ist primär das Angebot der MMS
(*multimedia messaging service*) gemeint, um zwischen Mobiltelefonen,
aber auch anderen mit dem Internet verbundenen Endgeräten, Bilder
auszutauschen.

*Chatroom* Ähnlich wie bei einem IM, verbinden sich beliebig viele Nutzer
innerhalb eines virtuellen Raums, um Textnachrichten auszutauschen.
Alle Mitglieder des Raums erhalten gleichzeitig alle Nachrichten (vgl.
[FAWZI, 2009b, S. 38]).

*E-Mail* Registrierte Nutzer erhalten meist eine eindeutige Adresse auf einem Informatiksystem (dem Server) und können so Textnachrichten
beliebiger Länge zu anderen Nutzern schicken. Dabei werden die
Nachrichten, ähnlich wie bei Postkarten, an Sendedienste (SMTP, analog: Postbriefkästen) verschickt, die die Nachrichten entsprechend
versenden. Über Abholdienste (POP, IMAP, analog: pers. Postfach)
können Nachrichten von einem Server abgeholt werden.

*IM* Mit einem *Instant Messenger* können Textnachrichten – meist mit beliebiger Länge – zwischen zwei Endknoten ausgetauscht werden. Die
Texteingabe erfolgt in spezieller Software. Verschiedene Protokolle
ermöglichen eine Kommunikation ohne spürbare Zeitverzögerung.
So entsteht der Eindruck eines direkten Gesprächs, ähnlich wie bei
einem Telefonat.

*Kurznachricht* Typischerweise als SMS (*short message service*) bekannte Text-
nachricht, deren Länge begrenzt ist. Sie können sowohl von Mobiltelefonen als auch von beliebigen mit dem Internet verbundenen

---

[2]Ein digitales Bild enthält die Farbinformationen der einzelnen Bildpunkte.

Informatiksystemen versendet werden. Bestimmte Angebote, etwa *twitter*, nutzen ebenfalls in der Länge begrenzte Textnachrichten – allerdings mit einer vollkommen anderen Öffentlichkeitsbeteiligung. Hiermit sind primär SMS gemeint.

*Online-Spiele* Oft über den HTTP-Dienst empfangene Hypertexte, die ein multimediales Spiel darstellen und die Interaktion des Nutzers, sowohl mit anderen Spielern als auch dem Spiel selbst, einfordern. Teilweise gibt es auch eigene Dienste der jeweiligen Spiele mit entsprechender Anwendersoftware. Es können häufig Textnachrichten aber auch audiovisuelle Nachrichten zwischen den Spielern ausgetauscht werden (vgl. [BAUMANN und KOERBER, 2008; FAWZI, 2009b, S. 38]).

*Soziale Netzwerkdienste* Vgl. Abschnitt 3.2.1, S. 42.

*Videoportale* Über den HTTP-Dienst werden Hypertexte[3] bereitgestellt. Inhalt sind meist Videos und entsprechende Kommentare (vgl. [SHANMUGANATHAN, 2010]).

*Weblog* Über den HTTP-Dienst können Hypertexte abgerufen werden. Ein Weblog repräsentiert dabei eine Art Tagebuch, das oft auch Kommentare von Lesern zulässt (vgl. [FAWZI, 2009b, S. 37]).

*Webseiten* Hypertexte mit beliebigem Inhalt, z. B. Nachrichten, persönliche Bildersammlungen usw., werden über den HTTP-Dienst angeboten. Explizit sind keine erweiterten Angebote gemeint, wie etwa soziale Netzwerkdienste oder Videoplatformen (vgl. [SMITH u. a., 2008]).


### 3.2.1 Exkurs: Soziale Netzwerkdienste

Unter dem Begriff »soziale Netzwerke« werden in der Alltagssprache Angebote zusammengefasst, die einen Austausch von Inhalten und eine Verknüpfung zwischen Nutzern ermöglichen. Letztlich sind es Angebote, die Hypertexte über den HTTP-Port zum Abruf anbieten. Allerdings

---

[3]Hypertexte stellen strukturierte Dokumente mit unterschiedlichen Medien dar. Diese »Dokumente sind zur audio-visuellen Wahrnehmung durch Personen bestimmt« [STEIN, 2008, S. 421].

werden die Hypertexte dynamisch erstellt. Die Inhalte werden von den Nutzern selbst eingestellt. Oft wird für jeden Benutzer eine Auswahl von Inhalten abhängig von Freundschaftsverhältnissen, Interessen, usw. generiert. Meistens bieten die Portale auch umfangreiche Möglichkeiten, untereinander Texte, Bilder, Videos, Anrufe usw. zu teilen. Hauptsächlich werden durch solche Angebote tatsächlich Aspekte von sozialen Netzen modelliert und abgebildet. Sie müssen jedoch nicht zwangsläufig ein autonomes, virtuelles, soziales Netzwerk darstellen, sondern können auch die Struktur realer sozialer Netze nachempfinden bzw. *nutzbar* machen. Daher soll in dieser Arbeit zur Abgrenzung von *sozialwissenschaftlichen* Netzwerken für die beschriebenen Angebote der Begriff sozialer Netzwerkdienst benutzt werden.

Soziale Netzwerke unterscheiden sich prinzipiell nicht von den in Abschnitt 2.2, S. 6 beschriebenen Netzen. Allerdings werden *Verbindungen* bzw. Beziehungen wesentlich weiter gefasst und können je nach Betrachtung Verwandtschafts-, Freundschafts-, oder Interessenbeziehungen zwischen Knoten – respektive Menschen – repräsentieren. Übertragen werden können Bakterien, Organe, Geld, politische Überzeugungen usw. (vgl. [CHRISTAKIS, FOWLER und NEUBAUER, 2011, S. 32ff]). Es gilt, dass eine Verbindung nur für einen »Inhalt« betrachtet wird. Demnach findet bspw. die Übertragung von Bakterien in anderen Ausprägungen bzw. Beziehungen statt, als die von Geld.

Auch soziale Netzwerke besitzen Topologien, die allerdings meistens Mischformen darstellen. Eine Telefonkette kann sowohl als Baum als auch als P2P-Kette organisiert sein (vgl. [ebd., S. 27f]). Die Gestaltung der Netzwerke findet durch die Mitglieder selbst statt, da Menschen ähnlicher Interessen oder Aufgaben dazu neigen, in erster Linie untereinander Beziehungen einzugehen. Zugleich beeinflussen die Netzwerke aber auch die Interessen und Gefühle – z. B. übertragen Netzwerke nicht nur Krankheiten durch den Kontakt, sondern bspw. auch das Gefühl von Einsamkeit, Depression oder Glück. Ein Mensch, der in möglichst vielen sozialen Netzwerken nahe an glücklichen Menschen ist, ist wesentlich glücklicher als andere Faktoren, wie z. B. Geld, ihn machen könnten (vgl. [ebd., Kap. 2]). Je nach betrachtetem Gegenstand oder Interesse, können sich unterschiedliche Ausprägungen bzw. Topologien ergeben. Obwohl soziale Netzwerke in Gänze betrachtet, riesige Dimensionen haben können, finden Übertragungen maximal über drei Schritte statt (vgl. [CHRISTAKIS, FOWLER und NEUBAUER, 2011, S. 46ff]).

Damit sollte klar werden, dass Menschen ein großes Interesse daran haben, Teil einer *vernetzten* Gemeinschaft zu sein – schließlich kann eine Gemeinschaft glücklich und zufrieden machen. Daher gab es solche Netzwerke auch schon lange bevor die ersten Dienste im Internet angeboten wurden. Etwa die Telegraphisten in der zweiten Hälfte des 19. Jahrhunderts bildeten durch verwirrende Abkürzungen, virtuelle Meetings und Diskussionsrunden eine eingeschworene Gemeinschaft (vgl. [KOUBEK, 2008b]). »Das 21. Jahrhundert hat die Online-Gemeinschaft ebenso wenig erfunden wie das 20. Jahrhundert. Vielmehr bildeten sich Kommunikationsgemeinschaften um Medien seit den ersten Erzählungen um die ersten Höhlenfeuer« [ebd., S. 28].

Unterschiedliche Interessengruppen modellierten soziale Netze in den letzten Jahren. Komplexe Vorhersagemodelle, um die Ausbreitung von Epidemien besser einschätzen zu können, stellen eine Qualität dieser Modellierung dar. Des Weiteren wurden auch Angebote im Internet entwickelt, um ein real existierendes Netz online pflegen zu können. Somit können Barrieren, etwa große Distanzen, verringert werden. Zugleich gibt es aber aus unterschiedlichen Gründen, z. B. Missbrauch, Flucht aus der Realität wegen Angst, politischer Verfolgung etc., auch Nutzer, die sich nicht mit ihrer realen Identität online zeigen, sondern Pseudonyme oder sogar ganze virtuelle Persönlichkeiten entstehen lassen. Die angebotenen Dienste sind daher sehr vielfältig und reichen von Spielgemeinschaften, virtuellen Leben (*Second Life*), gemeinschaftlichen Lexika bis hin zu Datingseiten (vgl. [BAUMANN und KOERBER, 2008]). Allerdings sollte bedacht werden, dass Online-Gemeinschaften kein Abbild der Realität sind, sondern das Ergebnis eines zielgeführten Modellierungsprozesses, der bspw. auch kommerzielle Interessen verfolgen kann. Es entstehen durch virtuelle Kommunikation neuartige Sozialstrukturen (vgl. [KOUBEK, 2008a; KANNENBERG, 2014]).

Unabhängig davon, ob online verschiedene, anonyme Identitäten oder eine Art Abbild der realen Identität gepflegt werden, gibt es Auswirkungen auf die reale Persönlichkeit. Bspw. kann in virtuellen Welten das Aussehen verändert werden, was nachweislich zu einem selbstbewussteren Auftreten online führt – jedoch steigert sich ebenso das reale Selbstbewusstsein (vgl. [CHRISTAKIS, FOWLER und NEUBAUER, 2011, S. 331ff]). Genauso werden die Auswirkungen durch Mobbing auf eine vollkommen anonyme Identität dennoch mit der realen Persönlichkeit verknüpft (vgl. [RIEBEL, 2008]). In gewisser Weise können Menschen virtuell Träume und Erfahrungen ausleben, die sie im wahren Leben nicht machen können oder wollen. Sie können aus ihrem realen Leben fliehen und sich gestalten (vgl. [BAUMANN und KOERBER, 2008]).

Hierin scheint sowohl der große Nutzen als auch die große Gefahr zu bestehen. Positive Effekte könnten z. B. durch gezielte Therapie nutzbar werden (vgl. [BREZINKA, 2011]). Allerdings erfassen gerade die sozialen Netzwerkdienste von ihren Nutzern immer mehr Daten. Öffentliche oder halböffentliche Profile müssen immer registriert und mit persönlichen Angaben über Aussehen, Alter, Interessen usw. gefüllt werden. Sofern solche Profile auch noch mit E-Mail-Verkehr, Telefondaten etc. verknüpft werden, können unglaublich umfangreiche Infrastrukturen von sozialen Netzwerken nachgebildet werden, die letztlich Eigendynamiken entwickeln (vgl. [CHRISTAKIS, FOWLER und NEUBAUER, 2011, S. 341ff]). Je mehr Opfer von Mobbing sich bspw. dem großen Netzwerk von Tätern bewusst werden, desto mehr verschließen sie sich und desto weniger Freiräume haben sie (vgl. a. [LEYMANN, 1994]). Möglicherweise ergibt sich hieraus auch die Notwendigkeit, virtuelle Realitäten als Chance auf Prävention und Therapie zu sehen (vgl. [CHRISTAKIS, FOWLER und NEUBAUER, 2011, S. 358ff]). Allerdings muss hierbei eine Realitätsflucht, die im schlimmsten Fall zu Suchterscheinungen führen kann, vermieden bzw. beachtet werden (vgl. [BAUMANN und KOERBER, 2008, S. 24f]).

Entgegen der Vermutung, dass in sozialen Netzwerkdiensten Freundschaftsbeziehungen verwischen, da teilweise hunderte sogenannte Freunde in das Beziehungsgeflecht aufgenommen werden, zeigen aktuelle Untersuchungen, dass Menschen auch online zu nicht mehr als sechs bis sieben Personen intensiven und häufigen Kontakt pflegen (vgl. [CHRISTAKIS, FOWLER und NEUBAUER, 2011, S. 348]). Somit entstehen virtuell nicht mehr engere Beziehungen – möglicherweise weil unser Gehirn kein breiteres Geflecht verarbeiten kann – als im realen Kontext (vgl. [ebd., Kap. 1]).

Soziale Netzwerkdienste bieten neben dem Risiko, dass an einem oftmals unbekanntem Standort persönliche Daten gespeichert werden, durch die automatisierte Verarbeitung ein oft unbeachtetes Problem. Umfangreiche Analysen und statistische Berechnungen können aus den Angaben einer

Person anhand ihres Beziehungsgeflechts persönliche Profile errechnen, die auch Eigenschaften, wie etwa sexuelle Vorlieben, Hobbys o. Ä., enthalten, die vom Nutzer nicht aktiv eingegeben wurden. Ein Nutzer, der weder Beziehungen in sozialen Netzwerken noch die Prinzipien der automatischen Verarbeitung der Daten, die durch die Nutzung bzw. Angabe solcher Beziehungen entstehen, versteht, kann Gefahren nicht erkennen. Opfer von Mobbing könnten so in Missbrauchsfällen ungewollt mehr Angriffsfläche liefern. So werden Handlungsmöglichkeiten zur Vorbeugung versperrt.

Vor allem besteht aber in Online-Gemeinschaften die Gefahr dadurch, dass dauerhafte Ausdrucksformen genutzt werden. Schriftliche Äußerungen, Bilder, Videos usw. können kopiert, wiederholt und verteilt werden. Dagegen wird ein in der Straßenbahn gesprochenes Wort kürzer im Gedächtnis bleiben und sich nicht so weit verbreiten. »Öffentlichkeit beginnt nicht erst in den Massenmedien mit faktischem Millionenpublikum, sondern bereits da, wo der Empfängerkreis einer Äußerung nicht mehr überschaubar ist« [KOUBEK, 2008a, S. 39]. Daher besteht durch die Möglichkeit des Verteilens und der dauerhaften Speicherung der Kommunikation in sozialen Netzwerkdiensten praktisch immer eine Öffentlichkeit, selbst wenn der Nutzer diese nicht beabsichtigt oder sie ihm nicht bewusst ist.

Neben den informatischen Grundlagen für Kommunikation in Netzwerken und Aspekten der automatischen Verarbeitung von Daten erscheint somit auch ein Verständnis für die sozialen Prozesse, die durch Software modelliert werden, unabdingbar. Es existiert offenbar eine Schnittstelle zwischen der Maschinenebene und der Ebene sozialer Prozesse. Sofern beide miteinander interagieren, entstehen Seiteneffekte, die den realen Menschen beeinflussen. Jedoch sollte der Mensch die Freiheit und Macht besitzen, eine von ihm selbst geschaffene Schnittstelle auch selber kontrollieren zu können. Fragwürdig erscheint, ob die Eigendynamik sozialer Netzwerkdienste eine solche Kontrolle womöglich ausschließt – selbst wenn die informatischen Grundlagen *beherrschbar* sind. Schließlich ist es oftmals für den Nutzer nicht nachvollziehbar, dass neben den tiefer liegenden Protokollen auch verdeckte, automatisierte Prozesse des Anbieters Daten mitschneiden, speichern und verwalten könnten, z. B. um psychologische Gutachten über das Nutzerverhalten zu erstellen (vgl. [KANNENBERG, 2014]).

### 3.2.2 Kategorien zur Einordnung der Angebote, die zum Cyber-Mobbing benutzt werden

Die gefundenen Angebote werden anhand der folgenden Kategorien charakterisiert. Es ist zu beachten, dass die Kategorien jeweils Teilaspekte aus Nutzersicht darstellen und sich gegenseitig bedingen können. Die informatischen Grundlagen werden an dieser Stelle bewusst noch nicht thematisiert.

#### Öffentlichkeit

Innerhalb eines Angebots können die Mobbinghandlungen für einen unterschiedlichen Kreis von Menschen verfügbar bzw. sichtbar sein. Eine E-Mail wird etwa persönlich und damit privat an nur eine Person geschickt. Soziale Netzwerkdienste erfordern eine Registrierung, um Inhalte betrachten zu können und sind somit halb-öffentlich. Eine Webseite ist für jeden beliebigen Nutzer abrufbar und damit öffentlich (vgl. [FAWZI, 2009b, S. 35ff]).

#### Zielrichtung

Handlungen müssen nicht immer das direkte Ziel haben, einem Menschen zu schaden. Durch Unwissen oder Absicht können Handlungen indirekt verübt werden. Z. B. könnte ein eigentlich harmloses Video verfügbar gemacht werden, das erst durch die Kommentare von Dritten zu einer verletzenden Handlung wird. Indirekte oder auch »by proxy« [ebd., S. 40] genannte Handlungen werden von direkten, meist absichtlichen Handlungen unterschieden. Menschen können so unbeabsichtigt zum Täter werden und Auswirkungen bleiben unsichtbar (vgl. [HILBIG, 2012, S. 21ff]).

#### Authentifikation

Auch virtuell handeln Persönlichkeiten. Sie können sowohl real als auch nur virtuell identifizierbar sein. Es gibt demnach Identitäten, die aus der konkreten Situation heraus, z. B. durch ein eindeutiges Pseudonym, wiederzuerkennen sind, aber keiner realen Person zugeordnet werden können. Daneben gibt es virtuelle Persönlichkeiten, die durch Profile, Namen oder Bilder mit einer realen Person verknüpft werden können. Angebote können innerhalb dieser Dimensionen eine Authentifizierung, z. B. durch Registrierung, ermöglichen oder durch Verschleierung bzw. unbeschränkten Zugang verhindern. Je schlechter Opfer identifiziert werden können, desto geringer ist die Wahrscheinlichkeit Opfer von Mobbing zu werden. Je schlechter Täter identifiziert werden können, desto größer ist die Angst für die Opfer (vgl. [SMITH u. a., 2008]).

*Zeitfaktor*

Angebote besitzen meist unterschiedliche Zeitdynamiken. Bspw. kann ein Anruf *live* entgegen genommen werden. Ein aufgenommenes Video könnte dagegen erst nach Tagen freigegeben und damit *versetzt* als Mobbinghandlung wahrgenommen werden. Dazwischen gibt es auch noch Handlungen, die *halb-live* durchgeführt werden, etwa eine E-Mail, die zwar mit nur kurzer Verzögerung übertragen wird, jedoch abhängig vom Empfängerverhalten, erst wesentlich später oder direkt gelesen wird (vgl. [FAWZI, 2009a, S. 230ff]). Mobbinghandlungen können so den Bezug zum Täter und dem Ort verlieren. Daraus entfaltet sich eine Eigendynamik, die Opfer noch hilfloser machen kann (vgl. [HILBIG, 2012, S. 21ff]).

*Ausdrucksform/-medium*

In realen Mobbinghandlungen spielen vor allem verbale und körperliche Ausdrucksformen eine Rolle. Bei Cyber-Mobbing müssen Handlungen jedoch in einem digitalen Medium übertragen werden. Daher kommen Texte (Sprache), Bilder, Video, Audio oder multimediale bzw. interaktive Mischformen in Frage. Es entsteht eine gewisse Verrohung, da einzelne, wichtige Merkmale einer Kommunikation, etwa Mimik, Gestik, verschwinden und so die Schwelle verkleinert und die Rückmeldung des Opfers unsichtbar wird (vgl. [FAWZI, 2009a, S. 230f]). In Abgrenzung zur Kategorie der Medien bzw. Geräte in der zuvor untersuchten Literatur, sollen die benutzten Systeme nicht betrachtet werden, da Grenzen durch spezifische Funktionen, etwa Telefonieren oder Schreiben, in heutigen Geräten nur teilweise vorhanden sind. Informatiksysteme sind frei programmierbar und können daher beliebige Funktionen erfüllen. An anderer Stelle wäre evtl. zu prüfen, ob eine Unterscheidung in mobile und stationäre Systeme sinnvoll wäre.

*Zuschauerbeteiligung*

Bei realem Mobbing stellen die scheinbar unbeteiligten Zuschauer die wichtigste Gruppe dar. In einer Schulklasse befinden sich sowohl Unterstützer des Opfers als auch des Täters. Sollen Mobbinghandlungen unterbunden werden, so kommt den Zuschauern, die in der Überzahl sind, eine Schlüsselrolle zu. Sie müssen überzeugt werden, sich auf die Seite des Opfers bzw. der Opfer zu stellen und dem Täter die Legitimationsgrundlage innerhalb der Gruppe entziehen (vgl. [SCHÄFER und HERPELL, 2010, Kap. 4]). Nicht alle Angebote lassen es zu, dass sich Zuschauer einmischen bzw. sich in einer Art Intervention für die Opfer einsetzen können (vgl. [FAWZI, 2009b, S. 34]). In einem Chatroom können sich Zuschauer bspw. klar gegen Täter positionieren. Bei einem privatem Anruf dagegen existieren Zuschauer nicht. Die Beteiligung bzw. Einmischung soll zwischen stark, mittel und schwach eingeschätzt werden. Die Möglichkeit, Vorfälle beim Betreiber zu melden, wird nicht berücksichtigt, da es keine dem Angebot zugrunde liegende informatische Eigenschaft ist, die Ausführung stark vom jeweiligen Betreiber abhängt und ein wirklich großer Nutzen nicht bestätigt werden kann (vgl. [HILBIG, 2012; FAWZI, 2009a; KOUBEK, 2008a]).

*Publikation*

Wie in Abschnitt 2.4.2, S. 12 beschrieben, entstehen durch Protokolle der Anwendungsschicht logische Topologien. Dadurch können Zielrichtung und Öffentlichkeit zwar für den Nutzer eine bestimmte Ausprägung, z. B. direkt und privat, haben, die durch die informatischen Grundlagen jedoch nicht abgedeckt wird. Letztlich werden bei jeder Mobbinghandlung Inhalte durch den Täter produziert und *publiziert*. Durch die Konfiguration des Angebots ist es möglich die Verbreitung, wie im Folgenden beschrieben, zu beeinflussen.

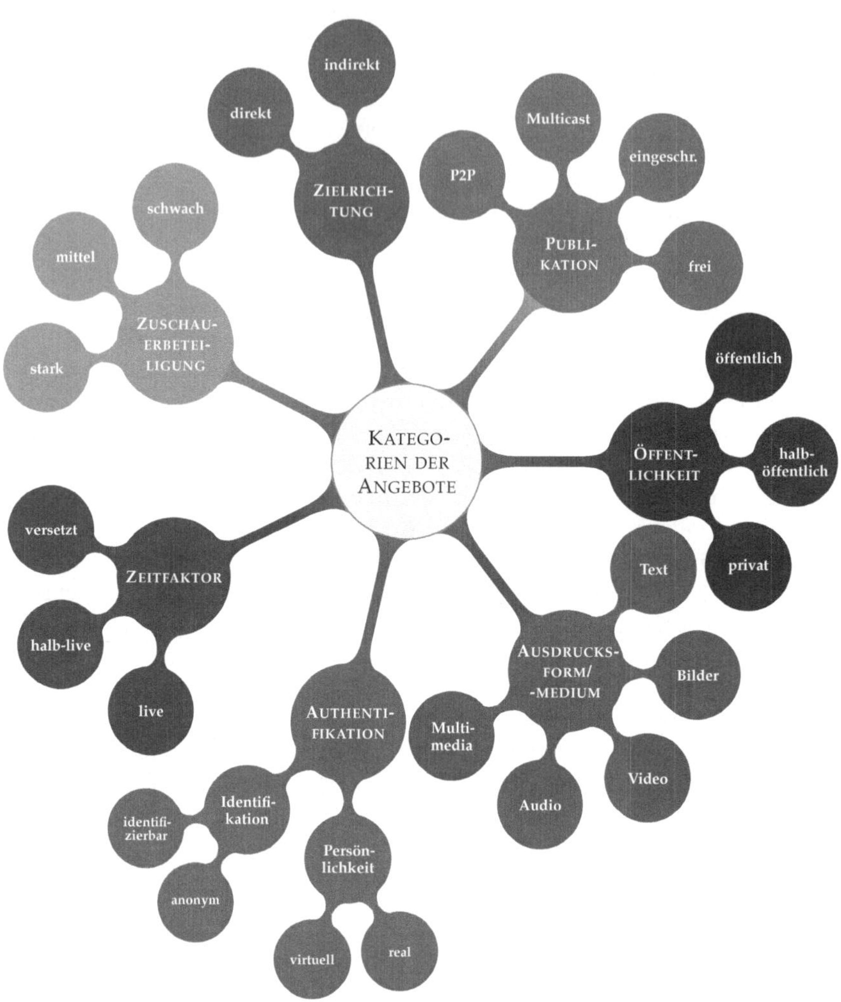


**Abbildung 3.1:** *Dimensionen und Charakteristik von Angeboten, die benutzt werden, um Mobbinghandlungen durchzuführen*

*P2P-Publizieren*  Eine Kommunikation kommt nur zwischen zwei Nutzern zustande, etwa wie bei einem IM.

*Multicast-Publizieren*  Inhalte werden direkt an mehrere Nutzer geschickt, z. B. wie in einer E-Mail, die an mehrere Empfänger gesendet wird.

*Eingeschränktes Publizieren*  Inhalte werden einem eingeschränkten Nutzerkreis zur Verfügung gestellt. Nutzer müssen die Inhalte selber abrufen bzw. auffinden. Beispiel sind Bilder, die innerhalb einer Webseite einem geschlossenen Mitgliederkreis geschützt zur Verfügung gestellt werden.

*Freies Publizieren*  Inhalte werden öffentlich, frei zur Verfügung gestellt, etwa wie bei Texten auf einem Weblog. Nutzer müssen die Inhalte jedoch selber abrufen.

Zu beachten ist, dass an dieser Stelle keine Aussage darüber gemacht wird, wie viele Personen an der Mobbinghandlung tatsächlich teilnehmen. Es muss mindestens einen Täter und ein Opfer geben. Durchaus können zum Adressatenkreis einer Multicast-Publikation noch weitere Täter, Opfer oder auch Unbeteiligte gehören.

### 3.2.3 Einordnung von Angeboten

Zusammenfassend zeigt Abb. 3.1, S. 50 die erarbeiteten Kategorien. Damit ist es möglich, beliebige konkrete Angebote in das Schema einzuordnen und zentrale Eigenschaften zu erkennen. Außerdem sind so die (informatischen) Dimensionen, innerhalb derer eine Mobbinghandlung bei Cyber-Mobbing stattfinden kann, spezifiziert worden. Die zu Beginn des vorherigen Abschnitts herausgestellten Angebote werden nun beispielhaft anhand der gefundenen Kategorien eingeordnet (vgl. Tab. 3.1, S. 52).

| Angebot | Ausdrucksform | Öffentlichkeit | Zielrichtung | Authentifikation | Zeitfaktor | Zuschauer-beteiligung | Publikation |
|---|---|---|---|---|---|---|---|
| Anruf | Audio | privat | direkt | undefiniert | live | schwach | P2P |
| Bildnachricht | Bild | privat | direkt | undefiniert | halb-live | schwach | P2P |
| Chatroom | Text | undefiniert | undefiniert | undefiniert | live | mittel | Multicast |
| E-Mail | Text | privat | direkt | real, virtuell | halb-live | schwach | P2P |
| IM | Text | privat | direkt | real, virtuell | live | schwach | P2P |
| Textnachricht | Text | privat | direkt | undefiniert | halb-live | schwach | P2P |
| Online-Spiel | Multimedia | halb-öffentlich | (in)direkt | real, virtuell | halb-live | stark | undefiniert |
| Soziale Netz-werkdienste | Multimedia | halb-öffentlich | (in)direkt | real, virtuell | halb-live | stark | eingeschr., Multicast |
| Videoportale | Video | öffentlich | indirekt | undefiniert | versetzt | stark | frei |
| Weblog | Text | öffentlich | (in)direkt | undefiniert | versetzt | mittel | frei |
| Webseiten | Multimedia | öffentlich | direkt | real, virtuell | halb-live | schwach | frei |

**Tabelle 3.1:** *Einordnung von Angeboten*

Nicht jeder Kategorie kann immer klar eine Eigenschaft zugewiesen werden. Manche Angebote, etwa soziale Netzwerkdienste, sind je nach Anbieter sehr unterschiedlich und oft wird die tatsächliche Funktionsweise verschleiert. Sofern der Wert einer Kategorie nicht bestimmbar oder alle möglichen Werte in Frage kommen können, wurde *undefiniert* gewählt. Auffällig ist, dass bei der Hälfte aller Angebote eine Authentifizierung nicht möglich ist oder schlicht nicht stattfindet. Damit ist nicht sicher, dass der bzw. die Gesprächspartner tatsächlich diejenigen sind, für die sie sich ausgeben. Außerdem könnten vertraulich geglaubte Gespräche abgehört und über andere Angebote als Mobbinghandlung verbreitet werden.

Viele Angebote stehen nur einem geschlossenen Nutzerkreis zur Verfügung. Gerade bei sozialen Netzwerkdiensten liegt der besondere Reiz für die Benutzer darin, eigene Profile erstellen zu können. Damit bieten solche Angebote, die eine Interaktion bzw. einen Austausch der Nutzer untereinander zulassen bzw. fördern, zwar eine Form der Authentifizierung – allerdings ist es fast immer möglich, eine virtuelle, sogenannte *Fake-Persönlichkeit*, zu kreieren. Hieraus könnten zum einen Therapiemöglichkeiten, wie in Abschnitt 3.2.1, S. 42 aufgezeigt, zum anderen Möglichkeiten, die Identität des Täters zu verschleiern, entstehen. Somit ist zwar eine Identifikation der handelnden Personen möglich, jedoch wird Missbrauch, etwa durch falsche Profile, Datenraub usw., nicht vorgebeugt. Gerade Angebote, die vorgeben, ihre Nutzer seien real existierende Personen, sorgen so für eine Anonymität von Tätern.

Des Weiteren zeigt sich, dass fast die Hälfte der Kommunikation in scheinbar privaten P2P-Verbindungen stattfindet – ohne die Authentifizierung auf Angebots- oder Protokollebene wirklich umzusetzen (vgl. Abschnitt 2.6, S. 25). Neben den Angeboten, die die Zugehörigkeit zu einer Gemeinschaft bzw. einem sozialen Netz modellieren, werden vor allem Möglichkeiten genutzt, um eine direkte, unkomplizierte Kommunikation durchführen zu können.

Fragwürdig ist, ob den Nutzern tatsächlich bewusst ist, dass zentrale Sicherheitsaspekte auf Angebots- und Protokollebene nicht geklärt sind und damit eine direkte, *private* Kommunikation eigentlich nicht gesichert ist. Allerdings untersuchen die Studien, die in Abschnitt 3.1, S. 38 angeführt wurden, nicht die Auswirkung von unterschiedlichen Verbindungscharakteristiken der Angebote.

## 3.3 Fazit

Innerhalb dieses Abschnitts wurde der funktional-gesellschaftliche Aspekt des einleitend formulierten Medienbegriffs der Bildungsstandards Informatik untersucht. Ausgehend von aktuellen Studien zur Nutzung bestimmter Angebote bei Cyber-Mobbing ergab sich die Notwendigkeit, Kategorien für Angebote zu definieren, um eine bessere Einordnung und ein genaueres Verständnis für die Mobbinghandlungen zu gewinnen. Dabei fällt auf, dass die Identifikation der agierenden Akteure eine essentielle Grundlage für das Fortbestehen von Cyber-Mobbing ist. Sofern ein Opfer bei der Wiederholung der Mobbinghandlung nicht wiedererkannt werden kann, entsteht keine dauerhafte Schädigung. Wird allerdings die Identität des Täters unklar, wie etwa bei anonymen Anrufen, verschlimmern sich die Auswirkungen für die Opfer (vgl. [SMITH u. a., 2008]). Es ist jedoch keine juristische Identifizierung gemeint – die ist in der heutigen Zeit zumindest theoretisch durch entsprechende Gerichtsbeschlüsse feststellbar (vgl. [HILBIG, 2012]). Daher sollte zwischen realen und virtuellen Persönlichkeiten unterschieden werden, denn auch ein virtuelles, anonymes Pseudonym kann wiedererkannt und damit Opfer von Mobbinghandlungen werden. Die genauen Auswirkungen und vor allem auch die Wechselwirkungen zwischen verschiedenen Identitäten in unterschiedlichen Angeboten, können in der vorliegenden Arbeit nicht abschließend geklärt werden. Die Folgen von Cyber-Mobbing sind jedoch immer real (vgl. [DAMBACH, 2011]).

Wenn die Angebote anhand ihrer Publikationscharakteristik miteinander verglichen werden, fällt auf, dass oft in P2P-Publikationen Mobbinghandlungen auftreten. Die mögliche Anonymität der Täter und das Fehlen von Unterstützern erzeugen eine zusätzliche Brisanz. Aus Interventionssicht erscheint jedoch die direkte Zielrichtung und geringe Ausbreitungsgeschwindigkeit von Vorteil. Täter könnten sich ihrer Tat außerdem stärker bewusst sein, da es sich um aktive und direkte Mobbinghandlungen handelt, für die sie selbst verantwortlich sind. Problematisch ist, dass eine P2P-Verbindung tatsächlich nicht möglich ist. Die in Abschnitt 2.6, S. 25 beschriebenen Maßnahmen, um eine gesicherte Verbindung zu ermöglichen, werden häufig nicht umgesetzt. Aus informatischer Sicht wäre es möglich, sicher und privat zu kommunizieren und damit die erhöhte Brisanz zu verringern. So wären die handelnden Akteure erkennbar und *traditionelle* Interventionsmaßnahmen könnten greifen. Die beschriebenen Aspekte einer P2P-Publikation können prinzipiell auch Multicast-Publikationen zugeschrieben werden.

Sofern Kommunikation über eingeschränkte oder freie Publikationen stattfindet, entsteht ein anderes Bild. Die Täter verlieren das Bewusstsein für die Tat oder sind häufig nicht mehr verantwortlich, da Kommentare oder das *Weiterverteilen* die Auswirkungen möglicherweise unbeabsichtigt verstärken oder überhaupt erst eine Mobbinghandlung entstehen lassen. Gerade in sozialen Netzwerkdiensten können solche Effekte oft weder vom Opfer noch vom Täter beeinflusst werden. Gerade die Anonymität und Sicherheit der Profile bzw. Personen ist stark vom Anbieter abhängig. Bei eingeschränkter Publikation kommt hinzu, dass nur Mitglieder derselben Plattform von den Mobbinghandlungen erfahren. Damit könnten Menschen sogar unbemerkt zum Opfer werden und die Kontrolle verlieren. Die starke Verbreiterung des Gruppenkontextes könnte auch einen positiven Nutzen besitzen. Interventionsprogramme wie *No-Blame-Approach* versuchen, das Mobbing zu verhindern, indem sie Unbeteiligte zu aktiven Unterstützern der Opfer machen (vgl. [BLUM und BECK, 2012; SCHÄFER und HERPELL, 2010]). Daraus lässt sich die These ableiten, dass in Angeboten, die eine Zuschauerbeteiligung zulassen, eine direkte Intervention möglich sein könnte oder muss. Die These kann im Rahmen dieser Arbeit nicht näher untersucht werden.

Vor allem in sozialen Netzwerkdiensten sorgt die automatische Verarbeitung von Daten für eine unabsehbare Eigendynamik. Wenn Software durch Berechnungen reale Eigenschaften eines Nutzers bestimmen kann, ohne dass diese vom Nutzer angegeben wurden, dann verlieren alle Akteure die Kontrolle und ihren freien Willen. Ob von den Anbietern böswillig oder schlicht wegen der Attraktivität für die Nutzer umgesetzt (vgl. Abschnitt 3.2.1, S. 42), wird in jedem Fall ein Missbrauch befördert. Durch den Machtverlust der Nutzer entfällt auch die Möglichkeit, wirksam gegen Mobbinghandlungen vorzugehen. Bildung kann hierüber aufklären. Die Entscheidung, sich selbst in eine solche Abhängigkeit und Machtlosigkeit zu begeben, muss jedes Individuum dennoch selbst treffen. Die Auswirkungen einer solchen Entscheidung werden in Abschnitt 5.3, S. 64 noch näher betrachtet.

Abschließend lässt sich festhalten, dass die aktuelle Forschungslage zu Cyber-Mobbing die informatischen Voraussetzungen der benutzten Angebote nicht berücksichtigt. Es existiert keine Abstraktion, nach der Angebote zeitlich invariant untersucht werden könnten – die Studien unterliegen häufig starken Schwankungen, da Anbieter ihre Nutzer verlieren, Konkurs gehen oder scheinbar neuartige Angebote entstehen. Die angegebenen Kategorien können ein erstes Modell liefern, wie Angebote zum Mobbing benutzt werden und sind unabhängig von konkreten Anbietern. Zu beachten ist jedoch, dass innerhalb dieser Arbeit keine umfangreichen empirischen Daten erfasst wurden. Daher sollte das Modell geprüft und im Zweifel erweitert werden. Des Weiteren fehlt die direkte Verknüpfung des Modells mit den informatischen Voraussetzungen. Außerdem sollte geklärt werden, ob damit die Prozesse des Cyber-Mobbing ausreichend erklärt werden können oder ob das Cyber-Mobbing-System noch weitere Aspekte von *traditionellem* Mobbing unterscheidet.

# 4 Sozio-technisches Informatiksystem

In den vorherigen Abschnitten wurden Mobbinghandlungen auf zwei Ebenen untersucht. Zunächst wurden die *informatischen* Voraussetzungen für eine Kommunikation mit vernetzten Informatiksystemen herausgestellt. Innerhalb der fachlichen Konzepte konnten fundamentale Ideen identifiziert werden. In einem zweiten Schritt wurden die Wechselwirkungen zwischen den agierenden Menschen und den Informatiksystemen näher betrachtet. Damit wurde die Situation Cyber-Mobbing hinsichtlich der informatischen Grundlagen analysiert. Sowohl die technisch-apparativen als auch die gesellschaftlichen Wechselwirkungen wurden aufgeführt.

Aus Sicht der handelnden Individuen könnte der Mobbingprozess möglicherweise losgelöst von den verwendeten Hilfsmitteln bzw. Informatiksystemen betrachtet werden. Diese Systeme werden als Werkzeuge benutzt, wie ein Stück Kreide, mit dem ein gemeiner Spruch an der Tafel festgehalten wird. Zwar entstehen durch die Benutzung von speziellen Angeboten neue soziale Strukturen (vgl. Abschnitt 3.2.1, S. 42), jedoch ist es dafür nicht zwingend notwendig, die zugrunde liegenden Fachkonzepte zu kennen. Gerade die Diskussion zu Sicherheitsaspekten (vgl. Abschnitt 2.6.1, S. 26) sollte aber deutlich gemacht haben, dass viele mögliche Problematiken nur dann erkennbar sind, wenn die tiefer liegenden Schichten und Konzepte betrachtet werden. Es geht hier nicht nur um die Absicherung von Bankgeschäften etc., sondern eben auch darum zu verhindern, dass eine privat geglaubte und möglicherweise vertrauliche Kommunikation mit einem Freund abgehört und verbreitet werden könnte.

»Das Verstehen der Funktionsweise von Internetanwendungen gründet auf dem Verstehen der den verborgenen Abläufen zugrunde liegenden Fachkonzepte. Das bedeutet im Umkehrschluss aber auch, dass (...) der Aufbau des Internets (...) nicht losgelöst von Anwendungen erlernt wird« [FREISCHLAD, 2010, S. 224].

Aus fachdidaktischer Sicht wird damit ein anwendungsorientierter Unterricht eingefordert, der allerdings nicht in einer Produktschulung münden darf (vgl. [ebd., S. 226]). Vielmehr wird deutlich, dass informatische »Produkte« eben nicht dem Selbstzweck dienen, sondern typischerweise immer einen Nutzen haben. Es gibt demnach einem Zweck, der mit der Benutzung eines Informatiksystems verbunden ist. Mit den zuvor vorgestellten Angeboten wird in vielfältiger Form die Kommunikation zwischen Menschen unterstützt. Sofern also Bildungsbemühungen mit dem Ziel einer Verhinderung von Mobbing im Kontext von Informatiksystemen bzw. speziell der Kommunikation in Netzwerken durchgeführt werden, so muss sowohl das grundlegende Fachverständnis als auch die benutzte Anwendung betrachtet werden. Die Anwendung schließt damit explizit nicht nur die fachlich *sichere* Bedienung von Angeboten ein, sondern muss auch den verantwortlichen Umgang mit den entstehenden sozialen Wechselwirkungen in Betracht ziehen (vgl. [ebd., S. 227]).

Die fachliche Analyse und Entwicklung in der Informatik lässt soziale Wechselwirkungen meist außen vor oder betrachtet sie losgelöst im Gebiet »Informatik und Gesellschaft«. Jedoch treten immer Ideen, menschliche Kompetenzen usw. (Kognifakte) zusammen mit den technischen Geräten (Artefakte) und sozialen Gesetzen und Normen (Soziofakte) in eine gegenseitige Wechselwirkung und bedingen sich (vgl. [ENGBRING, 2005, S. 30]). Veränderungen bspw. im Normsystem der Gesellschaft führen demnach auch zu Veränderungen in der Benutzung, Entwicklung und Auswirkung von Informatiksystemen. Beim Mobbingprozess verändern sich innerhalb der Gruppe sowohl das Machtverhältnis als auch die Normen. Die Täter manipulieren unbeteiligte Zuschauer dahin, das Mobbing zu akzeptieren, zu unterstützen oder einfach wegzuschauen (vgl. [SCHÄFER und HERPELL, 2010, Kap. 3]). Eine solche Manipulation muss demnach auch Auswirkungen auf die verwendeten Informatiksysteme haben. Anbieter und Entwickler können sich eben nicht aus der Verantwortung ziehen, indem sie vorgeben, dass die Angebote schließlich nicht für Mobbing benutzt werden sollen, sondern müssen in der Modellierung und Implementierung auch gesellschaftliche Prozesse berücksichtigen (vgl. [KOUBEK, 2008a]). Es kann angenommen werden, »dass sich die Produkte (der Informatik) und die Prozesse (ihrer Herstellung und Nutzung) wechselseitig ergänzen« [ENGBRING, 2005, S. 30].

Damit muss auch informatische Bildung den gesamten *Lebenszyklus* sowohl des Individuums als auch des informatischen Produktes beachten. »Es reicht nicht aus, isoliert Funktionsprinzipien von Informatiksystemen zu verstehen« [FREISCHLAD, 2010, S. 225]. Mit dem Begriff des Informatiksystems wird nur der *technische* Teil des gesamten Systems umfasst. Daher sollte von einem sozio-technischen Informatiksystem gesprochen werden. Der Kontext wird damit um die »Handlungsweisen von und Beziehungen zwischen Anwendern sowie deren Rollen« [ebd., S. 225] erweitert.

> »Subjektive Wissensbestände und normative Positionen können die Bewertung und Entwicklung sozio-technischer Systeme maßgeblich beeinflussen, vor allem dann, wenn sie sich als wesentliche Bestandteile öffentlicher Meinung in einer Gesellschaft zum Maßstab praktischen Handelns werden« [MAGENHEIM, 2000, S. 4].

Damit wird auch deutlich, dass zu einem verantwortungsvollen Umgang mit Cyber-Mobbing neben dem Verständnis der benutzten sozio-technischen Informatiksysteme auch das Verständnis über das Mobbing selbst gehört. Gezeigt wurde, dass ein verwendetes Informatiksystem immer Rückwirkungen auf gesellschaftliche Prozesse hat, aber eben auch aus diesen heraus gestaltet wird. Das einfache Wissen um Sicherheitsaspekte, Auswirkungen auf interagierende Personen und Fachkonzepte wird Mobbing nicht auflösen. Innerhalb dieser Arbeit werden die informatischen Kompetenzen erarbeitet. Die Kompetenzen beschränken sich damit auf das Handlungsfeld des sozio-technischen Informatiksystems. Unbestritten bleibt, dass zur Verhinderung von Cyber-Mobbing eben auch soziale Kompetenzen im Umgang und in der Kommunikation mit Menschen notwendig sind.

# 5 Informatische Kompetenzen zur Verhinderung von Mobbing

In den Bildungsstandards Informatik der Gesellschaft für Informatik werden informatische Kompetenzen, die bis zum mittleren Bildungsabschluss erreicht werden müssen, beschrieben. Generell sind Kompetenzen unabhängig von der Institution, in der sie vermittelt werden sollen. Daher sind die hier formulierten Kompetenzen nicht *nur* spezifisch für »Schüler« einer bestimmten Jahrgangsstufe zu sehen. Vielmehr wird der informatische Bildungsbedarf zur Verhinderung von Cyber-Mobbing aufgezeigt.

Als Ergebnis der Überlegungen der vorherigen Abschnitte wird im Folgenden der Versuch unternommen, Kompetenzen zu formulieren. Dabei werden sowohl die identifizierten Fachkonzepte als auch die Auswirkungen innerhalb der Situation Cyber-Mobbing so aufgegriffen, dass die formulierten Kompetenzen zu einer Verhinderung von Mobbinghandlungen mit Hilfe von Informatiksystemen beitragen. Somit sind die Kompetenzen als ein erster Versuch zu sehen, die Handlungs- bzw. Entscheidungsfähigkeit von Individuen in der – insbesondere für Schüler alltäglichen – Situation Cyber-Mobbing zu entwickeln bzw. zu fördern. Die Kompetenzen sollten in weiteren Arbeiten diskutiert und ausgestaltet werden. Vor allem fehlen konkrete Aufgaben, prototypische Unterrichtssequenzen usw., um den tatsächlichen Effekt bzw. Nutzen und die Anwendbarkeit in Bildungsprozessen nachweisen und (aus)gestalten zu können.

## 5.1 Vorschlag für Kompetenzen zu den informatischen Grundlagen

Ein informatisch gebildeter Mensch ...

- kann die Begriffe Netzwerk und Internetzwerk erklären und unter Berücksichtigung geeigneter Elemente der Fachsprache voneinander abgrenzen,

- kennt die zentralen Aspekte typischer Netzwerktopologien, kann diese in komplexen, realen Situationen, z. B. heimischen Internetzwerken, erkennen und daraus Konsequenzen für die Kommunikation ableiten und seine Handlungen dahingehend kritisch betrachten bzw. hinterfragen,

- benennt zentrale Prinzipien der Paketierung von Daten zur Übertragung in Internetzwerken,

- erkennt die hierarchische Ordnung der übermittelten Datenpakete, beschreibt das Prinzip eines Schichtenmodells und erklärt mit Bezug auf wichtige Protokolle die konkreten Funktionen der Schichten des TCP/IP-Modells,

- erklärt, wie Pakete innerhalb komplexer Internetzwerke vom Sender zum Empfänger übertragen werden, beschreibt das Client-Server-Prinzip und weist auf mögliche Risiken, z. B. bzgl. des Datenschutzes, hin,

- kann *das* Internet definieren und von der Alltagsverwendung des Begriffs abgrenzen,

- kann die zentralen Sicherheitsziele definieren, deren Notwendigkeit innerhalb konkreter, alltäglicher Situationen identifizieren und handelt entsprechend verantwortungsbewusst,

- nutzt mit entsprechender Software die bereitgestellten Dienste entfernter Informatiksysteme verantwortlich, sicher und selbstbestimmt.

## 5.2 Vorschlag für Kompetenzen zu den sozio-technischen Aspekten

Ein informatisch gebildeter Mensch ...

- kann die grundlegenden Funktionen und Aspekte sozialer Netzwerke beschreiben,

- kann Risiken durch die automatische Datenverarbeitung und -speicherung innerhalb von internetbasierten Angeboten – insbesondere auch im Zusammenhang mit sozialen Netzwerkdiensten – identifizieren und einschätzen,

- kann innerhalb der aktiven Ausgestaltung des sozialen Miteinander den Nutzen und Schaden, der durch die Verwendung von internetbasierten Angeboten zur Kommunikation für ihn selbst und seine Mitmenschen entstehen kann, kritisch abwägen,

- ist sich seiner Position und Rolle in einem komplexen sozialen Netzwerk bewusst und gestaltet diese sowohl in *realen* als auch *virtuellen* Zusammenhängen verantwortungsvoll,

- kann die Bedeutung bzw. Funktion zentraler Aspekte von internetbasierten Angeboten für Cyber-Mobbing erklären, anhand beispielhafter, alltäglicher Situationen herausstellen und die Kommunikation innerhalb der so gegebenen Rahmenbedingungen verantwortungsvoll gestalten,

- kann die Notwendigkeit der gegenseitigen Authentifikation von Kommunikationspartnern unter Berücksichtigung der Folgen für einen Mobbingprozess erläutern und innerhalb der technischen Voraussetzungen umsetzen bzw. nutzen,

- steuert die Kommunikation hinsichtlich der direkt und indirekt beteiligten Personen, indem er Angebote auf ihre diesbezügliche Eignung kritisch prüft und notwendige zusätzliche (informatische) Maßnahmen ergreift.

## 5.3 Zieldimension

Wie schon zu Beginn dieser Arbeit beschrieben, kann ein Individuum durch seine Kompetenzen bestimmte Probleme lösen bzw. wird in einer Situation handlungsfähig. Innerhalb der Situation Cyber-Mobbing interagieren Menschen mit einem sozio-technischen Informatiksystem. Um die Auswirkungen des eigenen Handelns abschätzen zu können, ist es notwendig, die Interaktion in Gänze zu verstehen. Meldet der Browser beim Abruf einer Webseite mit sensiblen Daten, dass das Zertifikat möglicherweise nicht in Ordnung sein könnte, dann muss der Anwender genügend über die Kommunikation in Netzwerken (vgl. Abschnitt 2, S. 5) wissen bzw. verstanden haben, um auf den Hinweis adäquat reagieren zu können. Simples *Black-Box-Wissen* würde den Anwender hier vor ein unlösbares Problem stellen (vgl. [FREISCHLAD, 2010, S. 50f]).

Prinzipiell weisen die beschriebenen Kompetenzen zwei Zielebenen aus. Auf der einen Seite wird das Individuum in die Lage versetzt, Entscheidungen frei und wissentlich zu treffen. Dafür ist es notwendig, kritisch zwischen Nutzen und möglichem Schaden abwägen zu können, Alternativen zu kennen und die Funktionsprinzipien identifizieren und verstehen zu können. Auf der anderen Seite sollte das Individuum sich über die eigenen Gestaltungsmöglichkeiten bewusst sein. Nicht immer kann ein mögliches Risiko verhindert werden – allerdings kann in Problemsituationen adäquat gehandelt werden.

Die Kompetenzen zielen auf die Verhinderung von Mobbing mit sozio-technischen Informatiksystemen ab. Allerdings könnten die Handlungen bzw. Entscheidungen in bestimmten Situationen, die sich als Konsequenz aus den Kompetenzen ergeben können, möglicherweise nicht genügend auf die Bedürfnisse und Voraussetzungen der beteiligten Menschen eingehen. Mobbing ist ein sozialer Prozess, der lebenslange Auswirkungen nach sich ziehen kann (vgl. [SCHÄFER und HERPELL, 2010, Kap. 7]). Die beteiligten Menschen und die Gesellschaft tragen eine Vielfalt in sich und entwickeln sich über lange Zeiträume. Wird die Entscheidung bspw. Teil eines sozialen Netzwerkdienstes zu werden, nur durch Erkenntnisse aus den obigen Kompetenzen getroffen, so würde eine Anmeldung möglicherweise nicht vorgenommen[1].

Dabei könnten viele soziale Faktoren dafür sprechen, aktiver Teil eines sozialen Netzwerkdienstes zu sein, etwa für jemanden, der durch ein Handicap nur schwer in realen Kontexten Teil seines sozialen Netzwerks sein kann. Menschen haben gelernt mit unsicheren Entscheidungen zu leben – noch dazu mit täglich veränderten Situationen. Daher kann die Frage, was einen adäquaten Schutz gegen Cyber-Mobbing ausmacht, nicht damit beantwortet werden, auf sämtliche unsicheren Angebote bzw. Dienste zu verzichten. Dadurch würde zugleich eine Isolation aus bestimmten sozialen Prozessen erreicht, was wiederum zu einem erhöhten Mobbingrisiko führt. Zumal viele *soziale* Kompetenzen auf Erfahrungen beruhen. Die Tragweite der eigenen Handlungen hinsichtlich der Folgen für Dritte abschätzen zu können, ist keine triviale Kompetenz. »Jeder Mensch muss sich im Laufe seines Lebens mit diesen Kompetenzen auseinandersetzen, die Beschäftigung mit ihnen kann sogar ein ganzes Leben beanspruchen« [KOUBEK, 2008a, S. 39].

Der hier angeführte Teil informatischer Bildung muss daher auch dazu führen, sich innerhalb eines unsicheren Angebots bewegen und im schlimmsten Fall *rettend* handeln zu können. Damit ist eben auch gemeint, *falsch* handeln zu dürfen und daraus zu lernen (vgl. [ebd., S. 39f]). Menschen treten miteinander aus unterschiedlichsten Gründen in Kommunikationen und sollten lernen, sinnvoll und respektvoll miteinander umzugehen – auch in *virtuellen* Welten. Teil eines sozialen Netzwerks zu sein, bedeutet »große Macht über die Persönlichkeitsrechte [der] Mitmenschen [zu haben . . . ]. Aus großer Macht folgt aber auch große Verantwortung« [ebd., S. 40]. Verantwortung für sich und andere zu übernehmen entspricht der Forderung nach Zivilcourage im Umgang mit Mobbing (vgl. [SCHÄFER und HERPELL, 2010; JANNAN, 2012]). In Abschnitt 3.2.2, S. 47 wurde aufgezeigt, dass bestimmte Angebote ein Einmischen zulassen und damit die Möglichkeit eröffnen,

---

[1]Innerhalb dieser Arbeit wird nur am Rande betrachtet, welchen Einfluss der proprietäre Charakter der meisten Angebote hat. Schließlich können selbst informatisch gebildete Menschen manche Auswirkungen ohne Kenntnis über die tatsächlichen Techniken nicht abschätzen und so ihre Entscheidungen nur auf Grund einer oberflächlichen Sichtweise treffen. Kann ein informatisch gebildeter Mensch sich auf Grundlage einer fundierten, *informatischen* Abwägung gegen ein Angebot entscheiden oder ist es vielmehr eine Vorsichtsmaßnahme ohne stichhaltige Argumente – also: im Zweifel unsicher?

Zivilcourage und einen verantwortungsvollen Umgang zu fördern (vgl.
[KOUBEK, 2008a, S. 41]).

FREISCHLAD weist darauf hin, dass Kompetenzen in aktiven Lernprozessen nicht losgelöst von einem konkreten System betrachtet werden können.
Daher definiert er im Kontext der Kommunikation in Netzwerken die folgenden Zieldimensionen, die Bildungsbemühungen berücksichtigen sollten
(vgl. [FREISCHLAD, 2010, S. 48ff]):

- Verwendung neuer oder bisher unbekannter Angebote

- Schützen personenbezogener Daten im Internet

- Agieren und Reagieren mit sozio-technischen Informatiksystemen

- Bereitstellung verteilter interaktiver Medien

- Berücksichtigung strukturbedingter Risiken

- Konfiguration von Informatiksystemen für den Datenaustausch

Der Aufzählung fehlt die explizite Ausweisung der Rückwirkung auf
reale Prozesse bzw. Gegenstände durch die Interaktion mit Informatiksystemen als wichtige Zieldimension. Zwar beinhalten alle Dimensionen auch
den Schutz der eigenen Persönlichkeit und das »Verstehen, wie verschiedene Interessen derjenigen, die an der Interaktion beteiligt sind, durch den
Einsatz vorhandener Mechanismen berücksichtigt werden« [ebd., S. 49],
jedoch ist es notwendig breiter, auf soziale Prozesse zu schauen. In bestimmten Interaktionen könnten Rückwirkungen entstehen, die durch die an der
Interaktion beteiligten Personen nicht beeinflusst werden können. Daher
sollten – als Ergebnis der in dieser Arbeit vorgestellten Überlegungen – die
Zieldimensionen durch den folgenden Aspekt ergänzt werden:

- Sozial-verantwortliches und empathisches Handeln (im Umgang mit
  Gewalt[2] bzw. Mobbing).

Um die Zieldimensionen zu konkretisieren und den tatsächlichen Nutzen
zur Verhinderung von Cyber-Mobbing durch die angegebenen Kompetenzen kritisch prüfen und genauer definieren zu können, sollten entsprechende Aufgaben angegeben werden. Allerdings würde die Formulierung

---

[2]Nach JANNAN ist Mobbing eine Form von Gewalt (vgl. [JANNAN, 2012]).

und Entwicklung von Aufgaben den Rahmen dieser Arbeit sprengen. Des Weiteren gilt es zu überlegen, wie überprüft werden kann, ob die hier beschriebenen Kompetenzen informatischer Bildung nachweislich einen Anteil an der Verhinderung von Mobbing haben.

# 6 Fazit

## 6.1 Zusammenfassung

Das Ziel der vorliegenden Arbeit ist es, informatische Kompetenzen zu erarbeiten, die Cyber-Mobbing verhindern können. Zentraler Aspekt von Cyber-Mobbing im Gegensatz zu *traditionellem* Mobbing ist die Benutzung von Informatiksystemen bei der Durchführung von negativen, kommunikativen Handlungen. Die Bereitstellung einer Infrastruktur zur Kommunikation mit Informatiksystemen ist im ersten Schritt fachlich analysiert worden (vgl. Abschnitt 2, S. 5).

Die Kommunikation in Netzwerken basiert auf vier fundamentalen Ideen (vgl. Abschnitt 2.7, S. 31): Topologien, Protokollen, Paketierung und Sicherheitszielen. Die Entwicklungen und Überlegungen innerhalb dieser vier Ideen greifen ineinander und bedingen sich. *Das* Internet ist letztlich ein globales Internetzwerk, in dem viele verschiedene Topologien verwendet werden. Übermittelte Nachrichten müssen viele verschiedene Knoten passieren und von ihnen betrachtet werden, um vom Sender zum Empfänger gelangen zu können. Daraus ergibt sich die Problematik, dass Zwischenknoten Nachrichten einsehen, verfälschen oder verwerfen können. Herausgestellt wurde der wichtige und problematische Charakter der Sicherheit in Internetzwerken (vgl. Abschnitt 2.6, S. 25). Letztlich hängt sie in großem Maße von der Bereitschaft und dem Wissen der Anwender ab. Es wird ein Mindestmaß an *informatischer Vernunft* (vgl. [HUMBERT, 2006, S. 65]) benötigt, um ein objektiv und faktisch begründbares Maß an Sicherheit zu erlangen. Absolute und zeitlich dauerhafte Sicherheit ist als Illusion identifiziert worden.

Damit wurden umfangreich die technisch-apparativen Aspekte des Medienbegriffs (nach [FREISCHLAD, 2010]) analysiert. Das Hauptaugenmerk wurde auf die Netzwerktechnik und weniger auf die konkrete Implementierung in Software gelegt. Herauszustellen ist, dass die gefundenen Fachkonzepte zeitlich invariant sind. Damit verschwindet die Nutzbarkeit einmal erlangter Kompetenzen nicht mit dem nächsten Releasezyklus eines Software-Herstellers.

Als nächstes wurde die Funktion der »Medien« im gesellschaftlichen Kontext des Mobbings analysiert. Dabei konnten zwei grundlegende Prinzipien im Charakter von Kommunikation mit Informatiksystemen herausgestellt werden. Oft werden Nachrichten in direkten und scheinbar privaten Verbindungen ausgetauscht, etwa in IM oder E-Mail. Hier haben mögliche Handlungen einen sehr direkten Charakter, da sie an eine bestimmte Person gerichtet sind. Daneben werden in sozialen Netzwerkdiensten oder entsprechenden Webseiten Inhalte veröffentlicht und verbreitet. Oftmals entsteht die Mobbinghandlung erst durch die Kommentierung und Verteilung. Einschätzen zu können, welche Auswirkungen eigene Handlungen haben, ist eine komplexe und nicht triviale Kompetenz. Die Auswirkungen einer *ungünstigen* Handlung können in sozialen Netzwerkdiensten jedoch ungeahnte und *lebenslange* Folgen für Opfer und Täter nach sich ziehen. Ein sozialer Umgang im Miteinander ist auch in virtuellen Welten wichtig (vgl. [KOUBEK, 2008a; JANNAN, 2010; SCHÄFER und HERPELL, 2010]).

Als besonders brisant wurden soziale Netzwerkdienste herausgestellt (vgl. 3.2.1, S. 42). Menschen nutzen Gemeinschaften zu ihrem Vorteil, um möglichst glücklich zu sein, sich austauschen zu können etc. Sofern Gemeinschaften analysiert werden, entsteht ein vielfältiges, soziales Netzwerk, dessen Verbindungen simple Interessen, berufliche Beziehungen oder Liebesbekanntschaften sein können (vgl. [CHRISTAKIS, FOWLER und NEUBAUER, 2011]). Durch die Implementierung solcher Modelle ist es möglich, sowohl positive als auch negative Effekte zu erhalten. Auf der einen Seite können soziale Netzwerke heute über große Entfernungen gepflegt werden oder Therapien bzw. virtuelle Welten könnten Empathie, Selbstbewusstsein usw. fördern. Jedoch ist es eben auch möglich umfassende Profile von Menschen zu erstellen, deren Vorlieben zu erfahren, ihre Freunde zu identifizieren und sogar unbekannte Eigenschaften zu berechnen.

Wichtig erscheint im Kontext Mobbing die Möglichkeit der Authentifizierung. Sofern handelnde Personen identifiziert werden, können in der realen Welt Maßnahmen ergriffen werden. Möglichkeiten zur wirksamen Intervention greifen erst, wenn die besonderen Fähigkeiten der Täter, aber auch der unbeteiligten Zuschauer genutzt werden können, um das Opfer zu schützen (vgl. [SCHÄFER und HERPELL, 2010; BLUM und BECK, 2012]). Gerade in Online-Gemeinschaften muss aber auch innerhalb der virtuellen Welt intervenierend gehandelt werden. Schließlich definieren sich Gruppen in virtuellen Zusammenhängen über ähnliche Mechanismen wie bspw. in der Schule (vgl. [KOUBEK, 2008b; KOUBEK, 2008a]). Die Identifikation handelnder Personen muss dann nicht mehr zwangsläufig eine real-weltliche sein, sondern kann auch die Arbeit mit virtuellen Persönlichkeiten möglich machen. Um Authentifizierung und Verschlüsselung von Nachrichten zu erreichen, sind klare informatische Kompetenzen notwendig (vgl. Abschnitt 2.6.3, S. 31). Letztlich müssen kryptographische Methoden einfach umzusetzen sein und die Nutzer von deren Notwendigkeit überzeugt werden (vgl. [ANDERSON, 2008, Kap. 2.4]). Anzumerken ist, dass durch eine sichere Übertragung in gewisser Weise auch die Mobbinghandlung selbst *gesichert* wird.

Zuletzt wurde darauf hingewiesen, dass ein simples Erlernen von Fachkonzepten nicht genügt. Es müssen die konkreten (gesellschaftlichen) Kontexte in den Bildungsprozess eingebunden werden (vgl. [FREISCHLAD, 2010; ENGBRING, 2005]). Außerdem sollte bedacht werden, dass ein informatisches Produkt nicht losgelöst von den gesellschaftlichen Voraussetzungen, Normen usw. gesehen werden kann. Sogenannte Soziofakte und Kognifakte bedingen den Herstellungs- und Nutzungsprozess von Artefakten bzw. Informatiksystemen (vgl. [ebd., S. 30]). Die entstandenen Implementierungen können damit nicht als feststehend angesehen werden, sondern verändern sich durch die Benutzung und wirken auf die Gesellschaft und das Individuum zurück. Daher sollte umfassend von einem sozio-technischen Informatiksystem gesprochen werden (vgl. [FREISCHLAD, 2010; MAGENHEIM, 2000]). Durch Mobbing kann demnach der eigentlich positive Zweck eines Angebots entfremdet werden und große negative Auswirkungen haben. Daraus lässt sich die Forderung und Erkenntnis ableiten, dass Menschen eben nicht »Sklaven« der technischen Errungenschaften von wenigen auserwählten Informatikern sind, sondern aktiv die Nutzung ausgestalten. Mehr Zivilcourage und Verantwortung für sich selbst und die Gesellschaft ist in der Prävention und Intervention von Mobbing mehr als sinnvoll und sollte auch in Online-Gemeinschaften eingefordert werden (vgl. [KOUBEK, 2008a; SCHÄFER und HERPELL, 2010]).

Die formulierten Kompetenzen ergeben sich aus der (informatischen) Analyse des Kontextes Cyber-Mobbing. Bewusst wurde auf eine zu detaillierte Ausformulierung verzichtet. Dem Leser sollte bewusst sein, dass bspw. Sicherheitsziele nur mit ausreichenden Kompetenzen zu kryptographischen Systemen erreicht werden können. Auf die Formulierung konkreter Aufgaben musste im Rahmen dieser Arbeit verzichtet werden. Dennoch wird der Rahmen, in dem informatische Bildung einen Beitrag zum verantwortungsvollen Umgang mit Cyber-Mobbing leisten kann, aufgezeigt. Zu beachten ist, dass damit kein *fertiges* Konzept geliefert wird, das Mobbing respektive Cyber-Mobbing auflöst. Mobbing bleibt ein sozialer Prozess, der aus unterschiedlichsten Gründen auftritt. Es muss immer um den sinnvollen Umgang damit gehen. Informatische Bildung kann und muss einen Teil, ohne den ein verantwortungsvolles, soziales und empathisches Verhalten nicht möglich ist, dazu beitragen. Um ein Gesamtkonzept in der Prävention und Intervention von Gewalt und Mobbing zu finden, müssen entsprechende Zusammenhänge beachtet und gesehen werden. Hierzu sei auf die Fachliteratur[1] verwiesen, in der allerdings die hier angeführten informatischen Aspekte meist unberücksichtigt bleiben.

## 6.2 Ausblick

Die Erarbeitung von Kompetenzen zur Verhinderung von Cyber-Mobbing hat verschiedene Fragen aufgeworfen. Gerade im Bereich der empirischen Forschung konnten Lücken aufgezeigt werden. Es erscheint notwendig, nicht die Nutzung konkreter Angebote zu untersuchen, sondern auf die Funktionsprinzipien, Bedingungen und Wirkmechanismen der sozio-technischen Systeme in allgemeiner Weise zu schauen. Es kann nicht sein, dass Erkenntnisse in einem so wichtigen Bereich, wie der Arbeit gegen Mobbing, in einigen Monaten oder Jahren ungültig sind, weil vermeintlich neue Werkzeuge durch die Kompilation verfügbarer technischer Möglichkeiten entwickelt werden. Diese Arbeit hat aufgezeigt, dass Informatik keine Zauberei ist und Prinzipien und Methoden wesentlich länger als nur

---

[1] Zu Mobbing am Arbeitsplatz können [LEYMANN, 1994; SEYDL, 2007] herangezogen werden. Im Kontext Schule erscheinen [JANNAN, 2010; SCHÄFER und HERPELL, 2010; BLUM und BECK, 2012; DAMBACH, 2011] als empfehlenswert.

einige Jahre gültig sind. Somit sollte auch in der Forschung zur Prävention und Intervention von Cyber-Mobbing genauer auf solche allgemeinen
Konzepte Wert gelegt werden. Das vorgestellte »System« müsste vertiefend
untersucht werden.

Vor allem in Bezug auf die Schule ergibt sich die Forderung nach allgemei-
nem und verpflichtendem Informatikunterricht. Die fachlichen Konzepte
zeigen, dass zur Vermittlung gut ausgebildete Lehrkräfte notwendig sind.
Allerdings wird auch deutlich, dass Informatik mehr als eine Ansammlung
von Fachkonzepten und Methoden ist. Die sozialen Auswirkungen der sozio-technischen Informatiksysteme sollten jedem Informatiker bewusst sein.
Gerade im Informatikunterricht sollten gesellschaftliche Kontexte, wie etwa Cyber-Mobbing, stärker in den Mittelpunkt des Unterrichtsgeschehens
gerückt werden. Es ist ein realer und alltäglicher Kontext für die Schüler, in
dem sie zwar viele Kompetenzen bereits besitzen, aber auch viele Fragen
und Unsicherheiten offen bleiben (vgl. [KOUBEK, 2008a; SMITH u. a., 2008]).
Es bietet sich an,

> »Phänomene als Ausgangspunkt und Ziel des Unterrichts aus-
> zuwählen, die eine Problematik der Nutzung von Informatik-
> systemen im gesellschaftlichen Zusammenhang aufzeigen. Im
> Informatikunterricht muss dann ein Beitrag zur Analyse dieser
> Zusammenhänge mit informatischen Methoden geleistet wer-
> den. Problemstellungen (…) sind dann (…) Fragestellungen,
> die sich aus der Verwendung typischer Internetanwendungen
> (…) darstellen« [FREISCHLAD, 2010, S. 23].

Die Informatik darf sich weder als Forschungsdisziplin noch als Unter-
richtsfach vor den Auswirkungen und gesellschaftlichen Kontexten verste-
cken (vgl. [ENGBRING, 2005]). Aus informatischer Bildung muss sich ein »an-
gemessenes Abstraktionsniveau hinsichtlich der Fachkonzepte« [FREISCH-
LAD, 2010, S. 225] und Kontexte ergeben. Dann können informatisch gebildete Menschen verantwortungsvoll und selbstbestimmt in Kontexten wie
Cyber-Mobbing handeln.

# Literatur


ANDERSON, Ross J. *Security Engineering. A Guide to Building Dependable Distributed Systems.* 2. Aufl. Wiley, 2008. ISBN: 978-0-470-06852-6.

BAUMANN, Rüdeger und Bernhard KOERBER. »Internet-Gemeinschaften«. In: *LOG IN* 153 [2008], S. 18–25. ISSN: 0720-8642.

BLUM, Heike und Detlef BECK. *No Blame Approach. Mobbing-Intervention in der Schule. Praxishandbuch – Mobbing: hinschauen, handeln.* 2. Aufl. Köln: fairaend, 2012. ISBN: 978-3-000277-55-9.

BREZINKA, Veronika. »»Schatzsuche« – ein verhaltenstherapeutisches Computerspiel«. In: *Praxis der Kinderpsychologie und Kinderpsychiatrie* 60.9 [2011], S. 762–776.

CHRISTAKIS, Nicholas A., James H. FOWLER und Jürgen NEUBAUER. *Connected! Die Macht sozialer Netzwerke: wer uns wirklich beeinflusst und warum Glück ansteckend ist.* Frankfurt am Main: Fischer Taschenbuch Verl., 2011. ISBN: 9783596184019.

COMER, Douglas und Ralph DROMS. *Computernetzwerke und Internets: mit Internet-Anwendungen.* 3., überarb. Aufl. München: Pearson Studium, 2002. ISBN: 3-8273-7023-X.

DAMBACH, Karl. *Wenn Schüler im Internet mobben.* Ernst Reinhardt Verlag München Basel, 2011. ISBN: 978-3-479-02209-0.

*E-Mail made in Germany. E-Mail made in Germany bietet unseren Kunden einen hohen Sicherheits- und Datenschutzstandard und steht für Produktqualität und Zuverlässigkeit.* 1&1 Mail & Media GmbH and Telekom Deutschland GmbH, Hrsg. 2014. URL: http://www.e-mail-made-in-germany.de/ [besucht am 20.06.2014].

ENGBRING, Dieter. »Informatik im Kontext. Ein technikbezogener Zugang zur Integration gesellschaftlicher Fragen«. In: *LOG IN* 136/137 [2005], S. 28–33. ISSN: 0720-8642.

FAWZI, Nayla. »Cyber-Mobbing unter Jugendlichen«. In: *Sozialwissenschaften und Berufspraxis* 32.2 [2009], S. 224–239.

– *Cyber-Mobbing : Ursachen und Auswirkungen von Mobbing im Internet.* Baden-Baden: Nomos, Ed. Fischer, 2009. ISBN: 978-3-8329-4888-7.

FREISCHLAD, Stefan. *Entwicklung und Erprobung des Didaktischen Systems Internetworking im Informatikunterricht.* Bd. 3. Comentarii informaticae didacticae (CID). Dissertation. Universitätsverlag Potsdam, 2010.

GI. *Grundsätze und Standards für die Informatik in der Schule. Bildungsstandards Informatik für die Sekundarstufe I.* Erarbeitet vom Arbeitskreis »Bildungsstandards« – Beschluss des GI-Präsidiums vom 24. Januar 2008 – veröffentlicht als Beilage zur LOG IN 28 (2008) Heft 150/151. Apr. 2008. URL: http://fa-ibs.gi.de/fileadmin/gliederungen/fb-iad/fa-ibs/Empfehlungen/bildungsstandards%5C_2008.pdf.

HELLIGE, Hans Dieter. »Die Geschichte des Internet als Lernprozess«. In: *artec-Paper* 138 [2006]. Hrsg. von Universität BREMEN. ISSN: 1613-4907.

HILBIG, André. »Fachdidaktische Aspekte zum Internet als Mobbinghandlungsort für Mobbing aus informatischer und sozialer Sicht«. Bergische Universität Wuppertal, Juni 2012. URL: `http://ham.nw.schule.de/pub/bscw.cgi/d3036013/Bachelor-Arbeit:%20Internetmobbing.pdf` [besucht am 28.04.2014].

HOLLAND, Martin. *Was bisher geschah: Der NSA-Skandal im Jahr 1 nach Snowden.* Juni 2014. URL: `http://heise.de/-2214943` [besucht am 20.06.2014].

HUMBERT, Ludger. *Didaktik der Informatik: mit praxiserprobtem Unterrichtsmaterial.* 2. Auflage. Teubner, 2006. ISBN: 3–8351–0112–9.

JANNAN, Mustafa. *Das Anti-Mobbing-Buch.* 3. Aufl. Beltz, 2010. ISBN: 978-3-407-62678-3.

– *Gewaltprävention an Schulen. Planen – umsetzen – verankern.* Beltz, 2012. ISBN: 978-3-407-29162-2.

KANNENBERG, Axel. *Facebook verteidigt umstrittenes Psycho-Experiment.* Juni 2014. URL: `http://heise.de/-2243121` [besucht am 30.06.2014].

KOUBEK, Jochen. »Der andere Schulhof. Die dunkle Seite von schülerVZ«. In: *LOG IN* 153 [2008], S. 38–41. ISSN: 0720-8642.

– »Die erste Online-Community«. In: *LOG IN* 153 [2008], S. 26–28. ISSN: 0720-8642.

– »Sicherheit von Online-Bezahldiensten«. In: *LOG IN* 136/137 [2006], S. 25–29. ISSN: 0720-8642.

LEYMANN, Heinz. *Mobbing : Psychoterror am Arbeitsplatz und wie man sich dagegen wehren kann.* Reinbek bei Hamburg: Rowohlt-Taschenbuch, 1994. ISBN: 3-499-13351-2.

MAGENHEIM, Johannes. *Theoretische Aspekte und unterrichtspraktische Implikationen einer systemorientierten Didaktik der Informatik.* Tagungsbeitrag zur GI-Tagung »Informatik - Ausbildung und Beruf 2000«, 2000. URL: `http://ddi.uni-paderborn.de/fileadmin/Informatik/AG-DDI/Veroeffentlichungen/Paper/2000/sytemorientierter_ansatz.pdf` [besucht am 17.07.2014].

MPFS. *JIM 2013. Jugend, Information, MultiMedia.* Forschungsbericht. Medienpädagogischer Forschungsverbund Südwest. mpfs, 2013.

– *Jugendliche sind täglich drei Stunden im Netz. Veröffentlichung der JIM-Studie 2013.* Techn. Ber. Medienpädagogischer Forschungsverbund Südwest. mpfs, 2013. URL: `http://www.mpfs.de/fileadmin/JIM-pdf13/PM5_JIM2013.pdf` [besucht am 22.07.2014].

*Paket (UML).* Juni 2014. URL: `https://de.wikipedia.org/wiki/Paket_(UML)` [besucht am 21.06.2014].

RIEBEL, Julia. *Spotten, Schimpfen, Schlagen ... Gewalt unter Schülern - Bullying und Cyberbullying.* Hrsg. von Prof. Dr. Reinhold S. JÄGER und Dr. Roland ARBINGER. Psychologie 59. Verlag Empirische Pädagogik, 2008. ISBN: 978-3-937333-79-3.

SCHÄFER, Mechthild und Gabriela HERPELL. *Du Opfer! Wenn Kinder Kinder fertigmachen. Der Mobbingreport.* Rowohlt, Juli 2010. ISBN: 978-3-498-03006-3.

SCHUSTER, Beate. *Führung im Klassenzimmer. Disziplinschwierigkeiten und sozialen Störungen vorbeugen und effektiv begegnen – ein Leitfaden für Miteinander im Unterricht.* Springer Verlag, 2013.

SCHWAN, Ben. *Analyse: Google will den Autofahrer abschaffen.* Juni 2014. URL: `http://heise.de/-2214341` [besucht am 21.06.2014].

SCHWILL, Andreas. »Fundamentale Ideen der Informatik«. In: *ZDM* 25.1 [1993]. ZDM – Zentralblatt für Didaktik der Mathematik, S. 20–31. URL: `http://www.informatikdidaktik.de/Forschung/Schriften/ZDM.pdf` [besucht am 21.06.2014].

SEYDL, Christoph. *Mobbing im Spannungsverhältnis sozialer Normen - Eine dissonanztheoretische Betrachtung mit Untersuchung.* Reihe B: Wirtschaft und Sozialwissenschaften. Trauner Verlag Universität, 2007. ISBN: 978-3-85499-312-4.

SHANMUGANATHAN, Niransana. »Cyberstalking: Psychoterror im WEB 2.0 Cyberstalking in WEB 2.0«. In: *Information - Wissenschaft & Praxis* 61; Jg. 2010.2 [2010], S. 91–95.

SMITH, Peter u. a. »Cyberbullying – its nature and impact in secondary school pupils«. In: *The journal of child psychology and psychiatry : official organ of the Association of Child Psychology and Psychiatry* Jg. 2008.4 [2008], S. 376–385.

STEIN, Erich. *Taschenbuch Rechnernetze und Internet: mit 94 Tabellen.* 3., neu bearb. Aufl. München: Fachbuchverl. Leipzig im Carl-Hanser-Verl., 2008. ISBN: 978-3-446-40976-7;; 3-446-40976-9.

TANENBAUM, Andrew S. *Computer Networks.* 4. Aufl. Pearson Education International, 2003. ISBN: 0-13-038488-7.

*Topologie (Rechnernetze).* Juni 2014. URL: `https://de.wikipedia.org/wiki/Topologie_(Rechnernetz)` [besucht am 16.06.2014].

WACHS, Sebastian und Karsten D. WOLF. »Zusammenhänge zwischen Cyberbullying und Bullying – Erste Ergebnisse aus einer Selbstberichtsstudie.« In: *Praxis der Kinderpsychologie und Kinderpsychiatrie* 60.9 [2011], S. 735–744.